中华人民共和国
义务教育法

注释本

法律出版社法规中心　编

图书在版编目（CIP）数据

中华人民共和国义务教育法注释本／法律出版社法规中心编．--3 版．--北京：法律出版社，2025．（法律单行本注释本系列）．-- ISBN 978-7-5197-9669-3

Ⅰ．D922.165

中国国家版本馆 CIP 数据核字第 2024BL9823 号

中华人民共和国义务教育法注释本 ZHONGHUA RENMIN GONGHEGUO YIWU JIAOYUFA ZHUSHIBEN	法律出版社　编 法规中心	责任编辑　李　群　王　睿 装帧设计　李　瞻

出版发行　法律出版社	开本　850 毫米×1168 毫米　1/32
编辑统筹　法规出版分社	印张　5.375　　字数　150 千
责任校对　张红蕊	版本　2025 年 1 月第 3 版
责任印制　耿润瑜	印次　2025 年 1 月第 1 次印刷
经　　销　新华书店	印刷　涿州市星河印刷有限公司

地址：北京市丰台区莲花池西里 7 号（100073）
网址：www.lawpress.com.cn　　　　　销售电话：010-83938349
投稿邮箱：info@lawpress.com.cn　　客服电话：010-83938350
举报盗版邮箱：jbwq@lawpress.com.cn　咨询电话：010-63939796
版权所有·侵权必究

书号：ISBN 978-7-5197-9669-3　　　　定价：20.00 元
凡购买本社图书，如有印装错误，我社负责退换。电话:010-83938349

编辑出版说明

现代社会是法治社会，社会发展离不开法治护航，百姓福祉少不了法律保障。遇到问题依法解决，已经成为人们处理矛盾、解决纠纷的不二之选。然而，面对纷繁复杂的法律问题，如何精准、高效地找到法律依据，如何完整、准确地理解和运用法律，日益成为人们"学法、用法"的关键所在。

为了帮助读者快速准确地掌握"学法、用法"的本领，我社开创性地推出了"法律单行本注释本系列"丛书，至今已十余年。本丛书历经多次修订完善，现已出版近百个品种，涵盖了社会生活的重要领域，已经成为广大读者学习法律、应用法律之必选图书。

本丛书具有以下特点：

1. 出版机构权威。成立于1954年的法律出版社，是全国首家法律专业出版机构，始终秉承"为人民传播法律"的宗旨，完整记录了中国法治建设发展的全过程，享有"社会科学类全国一级出版社"等荣誉称号，入选"全国百佳图书出版单位"。

2. 编写人员专业。本丛书皆由相关法律领域内的专业人士编写，确保图书内容始终紧跟法治进程，反映最新立法动态，体现条文本义内涵。

3. 法律文本标准。作为专业的法律出版机构，多年来，我社始终使用全国人民代表大会常务委员会公报刊登的法律文本，积淀了丰富的标准法律文本资源，并根据立法进度及时更新相关内容。

4. 条文注解精准。本丛书以立法机关的解读为蓝本，给每个条文提炼出条文主旨，并对重点条文进行注释，使读者能精准掌握立法意图，轻松理解条文内容。

5. 配套附录实用。书末"附录"部分收录的均为重要的相关法律、法规和司法解释，使读者在使用中更为便捷，使全书更为实用。

需要说明的是，本丛书中"适用提要""条文主旨""条文注释"等内容皆是编者为方便读者阅读、理解而编写，不同于国家正式通过、颁布的法律文本，不具有法律效力。本丛书不足之处，恳请读者批评指正。

我们用心打磨本丛书，以期待为法律相关专业的学生释法解疑，致力于为每个公民的合法权益撑起法律的保护伞。

法律出版社法规中心
2024 年 12 月

目 录

《中华人民共和国义务教育法》适用提要 …………… 1

中华人民共和国义务教育法

第一章 总则 …………………………………………… 5
 第一条 立法目的 ………………………………… 5
 第二条 义务教育 ………………………………… 6
 第三条 素质教育 ………………………………… 8
 第四条 平等的受教育权 ………………………… 9
 第五条 保障义务教育实施 ……………………… 10
 第六条 促进义务教育均衡发展 ………………… 12
 第七条 义务教育管理体制 ……………………… 13
 第八条 教育督导 ………………………………… 14
 第九条 社会监督及领导责任 …………………… 15
 第十条 表彰和奖励 ……………………………… 16

第二章 学生 …………………………………………… 17
 第十一条 法定入学年龄 ………………………… 17
 第十二条 适龄儿童的入学保障 ………………… 18
 第十三条 督促入学、防止辍学 ………………… 19
 第十四条 禁止招用应接受义务教育的儿童、少年 …… 20

第三章 学校 …………………………………………… 22
 第十五条 学校设置 ……………………………… 22

第十六条　学校建设要求和标准 …………… 23
　　第十七条　寄宿制学校 ………………………… 24
　　第十八条　接收少数民族适龄儿童、少年的学校(班)
　　　　　　　…………………………………………… 25
　　第十九条　特殊教育学校(班) ……………… 25
　　第二十条　专门学校 …………………………… 26
　　第二十一条　对特殊未成年人的义务教育保障 …… 27
　　第二十二条　促进学校均衡发展 ……………… 28
　　第二十三条　安全保障 ………………………… 29
　　第二十四条　建立、健全安全制度和应急机制 …… 31
　　第二十五条　禁止乱收费 ……………………… 31
　　第二十六条　校长负责制 ……………………… 32
　　第二十七条　不得开除学生 …………………… 33
第四章　教师 ……………………………………… 34
　　第二十八条　教师的职责 ……………………… 34
　　第二十九条　平等对待学生 …………………… 36
　　第三十条　教师资格及职务制度 ……………… 37
　　第三十一条　教师工资福利 …………………… 38
　　第三十二条　教师培养和流动 ………………… 39
　　第三十三条　鼓励到农村地区、民族地区从事义务
　　　　　　　教育工作 ……………………………… 40
第五章　教育教学 ………………………………… 42
　　第三十四条　教育教学工作的职责 …………… 42
　　第三十五条　推进素质教育、提高教学质量 …… 43
　　第三十六条　重视德育 ………………………… 44
　　第三十七条　学生课外活动 …………………… 45
　　第三十八条　教科书 …………………………… 46

第三十九条　教科书审定制度 ……………………… 46
　　第四十条　教科书的定价 …………………………… 46
　　第四十一条　教科书循环使用 ……………………… 46
第六章　经费保障 ………………………………………… 47
　　第四十二条　财政保障 ……………………………… 47
　　第四十三条　学生人均公用经费基本标准 ………… 48
　　第四十四条　经费分担制度 ………………………… 48
　　第四十五条　义务教育经费安排 …………………… 50
　　第四十六条　财政转移支付 ………………………… 51
　　第四十七条　专项扶持资金 ………………………… 51
　　第四十八条　鼓励捐赠 ……………………………… 52
　　第四十九条　义务教育经费的专款专用 …………… 52
　　第五十条　审计监督与统计公告制度 ……………… 52
第七章　法律责任 ………………………………………… 54
　　第五十一条　未履行经费保障职责的法律责任 …… 54
　　第五十二条　政府违法的法律责任 ………………… 55
　　第五十三条　政府和教育行政部门失职的法律
　　　　　　　　责任 …………………………………… 55
　　第五十四条　侵占、挪用和摊派的法律后果 ……… 56
　　第五十五条　学校或者教师违法的法律责任 ……… 57
　　第五十六条　乱收费和违规编写教科书的法律
　　　　　　　　责任 …………………………………… 59
　　第五十七条　学校违法的法律责任 ………………… 59
　　第五十八条　监护人责任 …………………………… 60
　　第五十九条　相关违法行为的法律后果 …………… 60
　　第六十条　刑事责任 ………………………………… 60

第八章　附则 ································· 61
　　第六十一条　不收杂费的实施步骤 ············ 61
　　第六十二条　适用范围 ······················ 61
　　第六十三条　施行日期 ······················ 61

附　　录

中华人民共和国未成年人保护法(2024.4.26 修正) ······ 62
中华人民共和国预防未成年人犯罪法(2020.12.26
　　修订) ·· 86
中华人民共和国教育法(2021.4.29 修正) ············ 98
中华人民共和国教师法(2009.8.27 修正) ············ 112
未成年人学校保护规定(2021.6.1) ················· 119
学生伤害事故处理办法(2010.12.13 修正) ··········· 131
中小学教育惩戒规则(试行)(2020.12.23) ············ 138
中小学幼儿园安全管理办法(2006.6.30) ············· 143
教育部办公厅关于印发《禁止妨碍义务教育实施的若
　　干规定》的通知(2019.4.1) ···················· 153
教育部关于印发《义务教育学校管理标准》的通知
　　(2017.12.4) ································· 155

《中华人民共和国义务教育法》
适用提要

《义务教育法》[①]自1986年7月1日起施行以来,对基本普及九年制义务教育、提高全民族素质,发挥了重要作用。但是,随着经济、社会的快速发展,义务教育出现了一些新情况、新问题。因此,2006年6月29日第十届全国人民代表大会常务委员会第二十二次会议对《义务教育法》作了修订。此后,《义务教育法》根据2015年4月24日第十二届全国人民代表大会常务委员会第十四次会议《关于修改〈中华人民共和国义务教育法〉等五部法律的决定》第一次修正,根据2018年12月29日第十三届全国人民代表大会常务委员会第七次会议《关于修改〈中华人民共和国产品质量法〉等五部法律的决定》第二次修正。

现行的《义务教育法》共8章,63条,主要内容包括:
一、关于教育的性质

本法明确规定,义务教育是国家统一实施的所有适龄儿童、少年必须接受的教育,是国家必须予以保障的公益性事业。实施义务教育,不收学费、杂费。国家建立义务教育经费保障

[①] 为方便读者阅读,本书中的法律法规名称均使用简称。——编者注

机制,保证义务教育制度实施。县级以上人民政府及其教育行政部门不得以任何名义改变或者变相改变公办学校的性质。

二、关于合理配置义务教育资源

本法规定,国务院和县级以上地方人民政府应当合理配置教育资源,促进义务教育均衡发展,改善薄弱学校的办学条件,并采取措施,保障农村地区、民族地区实施义务教育,保障家庭经济困难的和残疾的适龄儿童、少年接受义务教育。

三、关于就近入学

适龄儿童、少年免试入学。地方各级人民政府应当保障适龄儿童、少年在户籍所在地学校就近入学。父母或者其他法定监护人在非户籍所在地工作或者居住的适龄儿童、少年,在其父母或者其他法定监护人工作或者居住地接受义务教育的,当地人民政府应当为其提供平等接受义务教育的条件。具体办法由省、自治区、直辖市规定。

四、关于保障学校安全

各级人民政府及其有关部门依法维护学校周边秩序,保护学生、教师、学校的合法权益,为学校提供安全保障。学校应当建立、健全安全制度和应急机制,对学生进行安全教育,加强管理,及时消除隐患,预防发生事故。县级以上地方人民政府定期对学校校舍安全进行检查;对需要维修、改造的,及时予以维修、改造。学校不得聘用曾经因故意犯罪被依法剥夺政治权利或者其他不适合从事义务教育工作的人担任工作人员。

五、关于规范学校收费

学校在课程标准范围内开展教育教学活动,向学生发放教科书以外的其他书籍、资料不得收费。学校不得组织学生从事营利性活动,不得自行或者与其他社会组织、个人联合向学生推销或者变相推销商品、服务。

六、关于义务教育教师

首先,关于教师的权利与义务。教师享有法律规定的权利,履行法律规定的义务,应当为人师表,忠诚于人民的教育事业。教师应当取得国家规定的教师资格。教师在教育教学中应当平等对待学生,关注学生的个体差异,因材施教,促进学生的充分发展。教师应当尊重学生的人格,不得歧视学生,不得对学生实施体罚、变相体罚或者其他侮辱人格尊严的行为,不得侵犯学生合法权益。其次,关于教师培养。县级以上人民政府应当加强教师培养工作,采取措施发展教师教育。县级人民政府教育行政部门应当均衡配置本行政区域内学校师资力量,组织校长、教师的培训和流动,加强对薄弱学校的建设。最后,关于教师福利待遇。各级人民政府保障教师工资福利和社会保险待遇,改善教师工作和生活条件;完善农村教师工资经费保障机制。教师的平均工资水平应当不低于当地公务员的平均工资水平。特殊教育教师享有特殊岗位补助津贴。在民族地区和边远贫困地区工作的教师享有艰苦贫困地区补助津贴。

七、关于义务教育教科书

第一,关于教科书的编写、出版和发行。为防止利用义务教育教科书非法牟利,减轻学生学习负担和精神压力,减轻家长经济负担,节约资源,本法规定,教科书根据国家教育方针和课程标准编写,内容力求精简,精选必备的基础知识、基本技能,经济实用,保证质量。国家机关工作人员和教科书审查人员,不得参与或者变相参与教科书的编写工作。国家实行教科书审定制度。教科书的审定办法由国务院教育行政部门规定。未经审定的教科书,不得出版、选用。国家鼓励教科书循环使用。第二,关于教科书的价格。本法规定,教科书价格由省、自治区、直辖市人民政府价格行政部门会同同级出版主管部门按照微利原则确定。

八、关于义务教育经费保障

义务教育是普惠性教育,每名适龄儿童、少年都应当享有平等接受义务教育的权利。因此,本法对义务教育的经费保障规定,国家将义务教育全面纳入财政保障范围,义务教育经费由国务院和地方各级人民政府依照本法规定予以保障。国务院和地方各级人民政府将义务教育经费纳入财政预算,按照教职工编制标准、工资标准和学校建设标准、学生人均公用经费标准等,及时足额拨付义务教育经费,确保学校的正常运转和校舍安全,确保教职工工资按照规定发放。国务院和地方各级人民政府用于实施义务教育财政拨款的增长比例应当高于财政经常性收入的增长比例,保证按照在校学生人数平均的义务教育费用逐步增长,保证教职工工资和学生人均公用经费逐步增长。

本法涉及的法律法规包括:《未成年人保护法》《预防未成年人犯罪法》《教育法》《教师法》等。

中华人民共和国义务教育法

（1986年4月12日第六届全国人民代表大会第四次会议通过 2006年6月29日第十届全国人民代表大会常务委员会第二十二次会议修订 根据2015年4月24日第十二届全国人民代表大会常务委员会第十四次会议《关于修改〈中华人民共和国义务教育法〉等五部法律的决定》第一次修正 根据2018年12月29日第十三届全国人民代表大会常务委员会第七次会议《关于修改〈中华人民共和国产品质量法〉等五部法律的决定》第二次修正）

第一章 总 则

第一条 【立法目的】[1]为了保障适龄儿童、少年接受义务教育的权利，保证义务教育的实施，提高全民族素质，根据宪法和教育法，制定本法。

条文注释[2]

本条是关于立法宗旨和立法依据的规定。

立法宗旨如下：

第一，保障适龄儿童、少年接受义务教育的权利。

---

[1][2] 条文主旨、条文注释为编者所加，下同。

第二,保证义务教育的实施。基础教育包括幼儿教育、小学教育、普通初中教育和普通高中教育在内的学前教育及学校教育。义务教育与基础教育有十分紧密的联系,但两者在外延、强制性、年限等方面都不同。

第三,提高全民族素质。该提法延续了《教育法》关于立法宗旨的表述。全民族素质取决于每个公民的素质。个人的素质主要包括德、智、体三方面,提高全民族素质,就是要提高每一位公民的德、智、体三方面的素质。公民德、智、体的发展水平受多种因素的影响,而教育是最直接、最根本的因素。

《宪法》是本法的立法依据。《宪法》是国家的根本法,具有最高的法律效力,是制定法律的立法依据和基础。《宪法》中有很多涉及义务教育的条款,如第19条规定了国家普及初等义务教育;第46条规定了公民有受教育的权利和义务,国家培养青年、少年、儿童在品德、智力、体质等方面全面发展等。《宪法》中有关义务教育的条款是制定《义务教育法》最重要的立法依据。另外,《教育法》也是本法的立法依据。教育法规体系是我国法律体系中的一个子系统,是国家制定的以教育为主要调整对象的法律法规总和。

关联法规

《宪法》第19、46条

《教育法》第9条

第二条 【义务教育】国家实行九年义务教育制度。

义务教育是国家统一实施的所有适龄儿童、少年必须接受的教育,是国家必须予以保障的公益性事业。

实施义务教育,不收学费、杂费。

国家建立义务教育经费保障机制,保证义务教育制度实施。

条文注释

本条是关于我国义务教育制度的规定。

第一,我国实施的是九年制义务教育。一般是指小学和初中阶段的教育。

第二,我国的义务教育具有强制性。义务教育和其他教育相比有强制性的特点。其强制性体现在两个方面:一是适龄儿童、少年必须接受义务教育,这主要是考虑这一阶段的教育为适龄儿童、少年将来继续受教育及参与社会生活提供必要的社会及文化知识的基础,一旦错过将很难挽回;二是国家必须对义务教育予以保障,即国家颁布法律保证义务教育法律制度的实施,任何阻碍或者破坏义务教育实施的违法行为都要受到法律的制裁。

第三,我国的义务教育具有普及性。这个特点主要是与其他教育相比的。原则上义务教育覆盖我国所有的适龄儿童、少年。所谓适龄儿童、少年,是指处于应当入学至受完规定义务教育课程年限的年龄阶段的儿童、少年。根据本法第11条的规定,一般年满6周岁或7周岁为法定入学年龄。

第四,我国的义务教育具有公共性。即义务教育是由国家保障实施的公益性事业。义务教育的本质是国民教育,主要由国家设立的学校进行。义务教育的公共性,还体现为国家建立义务教育经费保障机制,保证义务教育制度的实施。

第五,我国的义务教育具有免费性。即不收学费、杂费。

关联法规

《教育法》第19、56~58条

《国务院关于做好免除城市义务教育阶段学生学杂费工作的通知》

《国务院关于深化农村义务教育经费保障机制改革的通知》

第三条 【素质教育】义务教育必须贯彻国家的教育方针,实施素质教育,提高教育质量,使适龄儿童、少年在品德、智力、体质等方面全面发展,为培养有理想、有道德、有文化、有纪律的社会主义建设者和接班人奠定基础。

条文注释

本条是关于义务教育阶段方针政策、实施手段、培养目标的规定。

第一,义务教育阶段要贯彻国家的教育方针。我国的教育方针在《教育法》第5条中有全面的表述,具体为:教育必须为社会主义现代化建设服务、为人民服务,必须与生产劳动和社会实践相结合,培养德、智、体、美、劳全面发展的社会主义建设者和接班人。

第二,义务教育阶段要实施素质教育,提高教育质量。素质教育是指依据教育方针和"以人为本"的指导原则,以全面提高公民素质为宗旨,以促进学生德、智、体、美、劳全面发展为目标,为学生体魄健全发展,为社会和谐发展服务的教育。素质教育是针对教育工作中片面强调应试教育的倾向提出的,其最根本的要求是让学生在品德、智力、体质等方面全面发展。

素质教育是一项综合工程,涉及多个方面:(1)政府要大力倡导素质教育,推动社会建立正确的人才观和教育质量观;(2)在劳动就业、人事、干部、工资、社会保障等制度方面深化改革,要着重人的能力和对社会的贡献,不能只看学历;(3)教育自身要深化改革,教育部门要下决心改变单纯以分数划线的片面录取标准,要全面衡量、择优录取;(4)要重视教师队伍的建设,支持学校的改革、创新。

第三,义务教育的培养目标。在国家教育方针的统领下,我国义务教育的培养目标可以分为两个层次:第一层是直接培养目标,是使适龄儿童、少年在品德、智力、体质等方面全面发展;第二层是长远培养目标,是为培养有理想、有道德、有文化、有纪律的社会主义建设者和接班人奠定基础。义务教育的培养目标突出了义务教育基础性和全面性的特点,具有很强的针对性。

关联法规

《教育法》第5条

《中共中央、国务院关于深化教育改革全面推进素质教育的决定》

《教育部关于深化基础教育课程改革进一步推进素质教育的意见》

第四条 【平等的受教育权】凡具有中华人民共和国国籍的适龄儿童、少年,不分性别、民族、种族、家庭财产状况、宗教信仰等,依法享有平等接受义务教育的权利,并履行接受义务教育的义务。

条文注释

本条是关于具有中国国籍的适龄儿童、少年平等接受义务教育权利和履行接受义务教育义务的规定。

1. 接受义务教育的主体

义务教育既是国民教育,又是基础教育,因此,接受义务教育的主体有两个关键点:一是具有中国国籍;二是适龄儿童、少年。根据《国籍法》第4~7条的规定,取得中国国籍主要有以下四种情形:(1)父母双方或者一方为中国公民,本人出生在中国,具有中国国籍。(2)父母双方或者一方为中国公民,本人出生在外国,具有中国国籍;但是定居外国,本人出生时即具有外国国籍的,不具有中国国籍。(3)父母无国籍或者国籍不明,定居在中国,本人出生在中国,具有中国国籍。(4)外国人或无国籍人,具有法定条件的,包括中国人的近亲属,或定居在中国,或具有其他正当理由的,可以经申请批准加入中国国籍。适龄,顾名思义是指合适的年龄,本条即指适合接受义务教育的年龄。根据本法第11条的规定,适龄儿童、少年的下限年龄一般为6周岁,条件不具备的地区为7周岁。特殊情况下,还可以适当延缓。对于适龄儿童、少年的上限年龄,本法没有作出明文规定。

2. 平等接受义务教育

平等接受义务教育,即适龄儿童、少年都能获得接受义务教育的机会。我国的义务教育是向所有具有我国国籍的适龄儿童、少年开放的,无论该适龄儿童、少年自身状况及家庭财产状况如何,均有接受义务教育的权利,不能差别对待。

3. 接受义务教育既是一项权利也是一项义务

《宪法》第46条、《教育法》第9条均规定,中华人民共和国公民有受教育的权利和义务。在义务教育阶段,受教育的权利和义务是一个事物的两个方面。

关联法规

《宪法》第46条

《教育法》第9条

第五条 【保障义务教育实施】各级人民政府及其有关部门应当履行本法规定的各项职责,保障适龄儿童、少年接受义务教育的权利。

适龄儿童、少年的父母或者其他法定监护人应当依法保证其按时入学接受并完成义务教育。

依法实施义务教育的学校应当按照规定标准完成教育教学任务,保证教育教学质量。

社会组织和个人应当为适龄儿童、少年接受义务教育创造良好的环境。

条文注释

本条是关于国家、家庭、学校和社会保障义务教育实施的义务的规定。

1. 国家保障义务

国家的保障义务主要分为以下几个方面:(1)总体保障义务;(2)经费保障义务;(3)校舍保障义务;(4)教师保障义务;(5)教学保障义务;(6)就近免试入学保障义务;(7)其他保障义务。

2. 家庭保障义务

父母或者其他法定监护人对保障适龄的被监护人接受义务教育的权利负有法定的义务。

3. 学校保障义务

学校的责任主要在于尊重和保障适龄儿童、少年接受义务教育的权利,依法接纳其免试就近入学。学校和教师应按照确定的教学内容和课程设置开展教育教学活动,保证达到国家规定的基本质量要求。

4. 社会保障义务

这里的社会包括社会组织和个人。社会各方面的力量应该为适龄儿童、少年的义务教育提供良好的社会条件。从积极的角度来讲,国家鼓励社会组织和个人向义务教育捐赠,鼓励依照国家有关基金会管理的规定设立义务教育基金。社会组织或者个人可以依法举办民办学校实施义务教育。从消极的角度来讲,禁止用人单位招用应当接受义务教育的适龄儿童、少年。

关联法规

《教育法》第50条

《未成年人保护法》第16条第5项、第17条第5项

《国务院关于深化农村义务教育经费保障机制改革的通知》

《义务教育学校管理标准》

《禁止妨碍义务教育实施的若干规定》

> **第六条 【促进义务教育均衡发展】** 国务院和县级以上地方人民政府应当合理配置教育资源,促进义务教育均衡发展,改善薄弱学校的办学条件,并采取措施,保障农村地区、民族地区实施义务教育,保障家庭经济困难的和残疾的适龄儿童、少年接受义务教育。
>
> 国家组织和鼓励经济发达地区支援经济欠发达地区实施义务教育。

条文注释

本条是关于促进义务教育均衡发展的规定。

为深入贯彻落实党的二十大精神,加快推进国家基本公共服务均等化,构建优质均衡的基本公共教育服务体系,中共中央办公厅、国务院办公厅印发了《关于构建优质均衡的基本公共教育服务体系的意见》,该意见指出要全面保障义务教育优质均衡发展,在基本均衡基础上追求教育全过程的公平,尤其是教育过程和教育结果的公平:第一,促进区域协调发展。以推进学校建设标准化为重点,加快缩小区域教育差距。第二,推动城乡整体发展。以推进城乡教育一体化为重点,加快缩小县域内城乡教育差距。第三,加快校际均衡发展。以推进师资配置均衡化为重点,加快缩小校际办学质量差距。第四,保障群体公平发展。以推进教育关爱制度化为重点,加快缩小群体教育差距。第五,加快民族地区教育发展。全面改善民族地区办学条件,整体提升办学水平。第六,提高财政保障水平。始终坚持把义务教育作为教育投入的重中之重,切实落实政府责任,逐步提高经费保障水平。

关联法规

《教育法》第10、11条

《国务院关于深入推进义务教育均衡发展的意见》

《教育部关于进一步推进义务教育均衡发展的若干意见》

第七条 【义务教育管理体制】义务教育实行国务院领导,省、自治区、直辖市人民政府统筹规划实施,县级人民政府为主管理的体制。

县级以上人民政府教育行政部门具体负责义务教育实施工作;县级以上人民政府其他有关部门在各自的职责范围内负责义务教育实施工作。

条文注释

本条是关于义务教育管理体制的规定。

县级人民政府对本地农村义务教育负有主要责任,要统筹规划当地基础教育,特别是九年制义务教育的发展,抓好中小学布局调整、建设和管理;确保教职工工资发放和对教育的投入,保证学校正常运转;加强教师队伍建设,负责中小学校长、教师的管理,指导学校教育教学工作;进一步动员和组织当地各方面力量支持教育事业发展。乡镇人民政府也要承担相应的农村义务教育的办学责任,根据国家规定筹措教育经费,改善办学条件,提高教师待遇。乡、村要承担维护学校的治安和安全,动员适龄儿童、少年入学等责任。

各级教育行政部门是主管义务教育的行政部门,其在各级人民政府的领导下,具体负责义务教育工作,包括:采取措施保障适龄儿童、少年平等地接受义务教育;依法聘用校长;均衡配置师资力量,组织校长、教师的培训和流动,加强对薄弱学校的建设等。国务院教育行政部门有权确定教学制度、教学内容和课程设置,推进实施素质教育;规定教科书的审定办法等。

关联法规

《教育法》第15条

第八条 【教育督导】人民政府教育督导机构对义务教育工作执行法律法规情况、教育教学质量以及义务教育均衡发展状况等进行督导,督导报告向社会公布。

条文注释

本条是关于教育督导的规定。

人民政府教育督导机构的主要职责是:(1)依据国家的教育法律、法规、方针、政策,制定教育督导工作的方针、政策、规章和有关文件;(2)组织国家督学对地方各级政府和教育行政部门以及中等及中等以下各类学校贯彻执行国家教育法律、法规、方针、政策情况进行督导、评估、检查、验收;(3)宏观指导各地的督导与评估工作。县级以上地方教育督导的组织形式及其机构的职责,由各省、自治区、直辖市人民政府确定。教育督导分为综合督导、专项督导和经常性检查。从教育督导的内容来看,主要有三类:义务教育工作执行法律法规情况、教育教学质量和义务教育均衡发展状况。特别是教育教学质量和义务教育均衡发展是我国义务教育领域突出的重点、难点、热点问题,需要加强督导,以更好、更快地提高教育教学质量,促进义务教育均衡发展。

教育督导机构的职责主要包括:(1)列席被督导单位的有关会议;(2)要求被督导单位提供与督导事项有关的文件并汇报工作;(3)对被督导单位进行现场调查;(4)向有关单位和个人调查有关情况。教育督导机构实施义务教育督导后,应该形成督导报告,并向社会公布督导报告。公众可以查阅督导报告,以保护公众的知情权,便于开展社会监督。

关联法规

《教育督导条例》

《教育督导问责办法》

《中共中央办公厅、国务院办公厅关于深化新时代教育督导体制机制改革的意见》

《全面改善贫困地区义务教育薄弱学校基本办学条件工作专项督导办法》

> **第九条 【社会监督及领导责任】**任何社会组织或者个人有权对违反本法的行为向有关国家机关提出检举或者控告。
>
> 发生违反本法的重大事件,妨碍义务教育实施,造成重大社会影响的,负有领导责任的人民政府或者人民政府教育行政部门负责人应当引咎辞职。

条文注释

本条是关于社会监督及领导责任的规定。

1. 社会组织和个人的监督权

法律的实施需要监督。法律监督是多层次的,以是否对被监督对象产生法律效力为标准,可以分为直接法律监督和间接法律监督。直接的法律监督主要是有权机关实施的法律监督,包括国家权力机关、司法机关和行政机关依法定程序进行的监督。间接的法律监督是一种社会监督,包括民主党派的监督、社会团体的监督、新闻媒体的监督和公民个人的监督。本条第1款明确规定,任何社会组织或者个人有权对违反本法的行为向有关国家机关提出检举或者控告,即社会监督。

2. 有关负责人的引咎辞职

理解我国的引咎辞职制度可以从以下几个方面进行:第一,在我国,引咎辞职既是一种政治责任,又是一种法律责任。第二,引咎辞职责任的承担者是负有领导责任的行政机关负责人。这里有两个关键点:一是负有领导责任;二是行政机关负责人。

第三，一般情况下，引咎辞职的原因是发生了严重违法的重大事件，造成了重大社会影响。所谓严重违法的重大事件，包括发生重大责任事故、违法事件情形恶劣等。发生违反本法的重大事件，妨碍义务教育实施，造成重大社会影响的，负有领导责任的人民政府或者人民政府教育行政部门负责人应当引咎辞职。

第十条 【表彰和奖励】对在义务教育实施工作中做出突出贡献的社会组织和个人，各级人民政府及其有关部门按照有关规定给予表彰、奖励。

条文注释

本条是关于表彰和奖励的规定。

1. 奖励的对象是社会组织和个人

本条规定的"社会组织和个人"主要是企事业单位、学校、社会团体、基层群众性自治组织及相应个人（如企事业单位负责人、教师等）。

2. 奖励的条件是做出突出贡献

本条中的"突出贡献"主要包括以下几种：一是企事业单位和个人捐资助学数额较大，对发展义务教育事业做出突出贡献的；二是在贫困地区等义务教育资源短缺的地区举办民办学校，有效缓解当地义务教育入学、就学压力的；三是学校实施义务教育成绩显著的；四是教师长期从事义务教育事业、成绩显著的；等等。

3. 奖励的依据

主要是有关法律、地方性法规、政策文件等。

另外，表彰和奖励的方式主要是精神奖励和物质奖励相结合，表彰主要是精神奖励，包括通报表扬、给予荣誉称号等，物质奖励一般是给予一定的奖金、经费。

关联法规

《教师法》第33条
《教育法》第13条

第二章 学 生

第十一条 【法定入学年龄】凡年满六周岁的儿童,其父母或者其他法定监护人应当送其入学接受并完成义务教育;条件不具备的地区的儿童,可以推迟到七周岁。

适龄儿童、少年因身体状况需要延缓入学或者休学的,其父母或者其他法定监护人应当提出申请,由当地乡镇人民政府或者县级人民政府教育行政部门批准。

条文注释

本条是关于义务教育阶段儿童入学年龄及因身体状况需要延缓入学和休学的规定。

本条第1款是关于儿童接受义务教育的法定入学年龄的规定。即儿童年满6周岁应当入学接受义务教育;条件不具备的地区的儿童,可以推迟到7周岁。

本条第2款是关于达到入学年龄儿童的两种特殊情况——延缓入学和休学的规定。延缓入学是指儿童在达到法定入学年龄时因患有暂时不宜到学校学习的疾病,如患传染病或者正处于疾病的治疗期、恢复期,或者有其他一时难以解决的困难而不能按时入学,故申请推迟入学的情况。根据本法的规定,儿童达到规定的入学年龄时,其父母或者其他法定监护人在接到入学通知后,必须按照通知的要求送其子女或者其他被监护人按时入学接受规定年限的义务教育。但是,在实际生活中会有少数适龄的儿童在达到入学年龄时因身体状况不能按时入学,需要推迟入学。则其父母或者其他法定监护人应当提出申请,并附教育主管部门指定的医疗机构出具的诊断证明,经当地乡镇人民政府或者县级人民政府教育行政部门批准后,可以延缓入学。经批准的缓学期限届满后,若孩子已康复,父母或其他法定监护人应及时送其入学;延缓期满仍不能入学的,则应重新提出缓学申请。

休学是指学生因伤病、出境或本人不可抗拒的原因连续缺课,需要保留学籍、停止上学的情况。休学申请应由父母或其他法定监护人以书面形式提出,并提交有关证明材料,学校审核后统一报教育主管部门审批。

关联法规

《禁止妨碍义务教育实施的若干规定》第4条

第十二条 【适龄儿童的入学保障】适龄儿童、少年免试入学。地方各级人民政府应当保障适龄儿童、少年在户籍所在地学校就近入学。

父母或者其他法定监护人在非户籍所在地工作或者居住的适龄儿童、少年,在其父母或者其他法定监护人工作或者居住地接受义务教育的,当地人民政府应当为其提供平等接受义务教育的条件。具体办法由省、自治区、直辖市规定。

县级人民政府教育行政部门对本行政区域内的军人子女接受义务教育予以保障。

条文注释

本条是关于保障适龄儿童、少年入学的规定。

为了能够更好地保障适龄儿童、少年平等接受义务教育,本条第1款规定义务教育阶段就近入学。同时本法第22条规定,县级以上人民政府及其教育行政部门应当促进学校均衡发展，缩小学校之间办学条件的差距，不得将学校分为重点学校和非重点学校。学校不得分设重点班和非重点班。这样规定有利于实现义务教育的公平、公正和均衡发展。

"免试"是指义务教育阶段各类学校的招生入学工作不得举行或变相举行与入学挂钩的选拔考试或者测试。"就近入学"是指由区县教育行政部门根据本地区公办学校的资源配置状况和义务教育适龄学生的分布和需求状况，合理规划和确定本区县义务教育阶段公办学校的招生入学范围和招生人数，为每一位适龄儿童、少年提供"就近入学"的义务教育学额。

本条第2款规定的是流动人口子女入学的问题。本款明确规定了当地政府的责任：一是允许非户籍所在地的适龄儿童、少年在父母或者其他法定监护人工作地或居住地就近免试入学；二是不允许收取借读费，当地人民政府应当为其提供平等接受义务教育的条件。同时，由于各地教育资源分布、经济发展等情况各不相同，各地区还要结合本地的实际制定易于操作的办法。因此，本款还规定了具体办法由省、自治区、直辖市规定。

关联法规

《军人抚恤优待条例》第42条

第十三条 【督促入学、防止辍学】县级人民政府教育行政部门和乡镇人民政府组织和督促适龄儿童、少年入学，帮助解决适龄儿童、少年接受义务教育的困难，采取措施防止适龄儿童、少年辍学。

居民委员会和村民委员会协助政府做好工作，督促适龄儿童、少年入学。

条文注释

本条是关于县、乡级人民政府，居民委员会和村民委员会保障适龄儿童、少年入学的职责的规定。

县、乡作为一级地方政权,是农村分级管理义务教育的基层单位,负责在本行政区划内组织实施义务教育,并对义务教育的实施工作进行全面督导。乡政府在管理本乡义务教育过程中的一项重要职责就是组织督促本乡的适龄儿童、少年按时入学,切实保障他们接受义务教育的权利。

本条第2款规定:"居民委员会和村民委员会协助政府做好工作,督促适龄儿童、少年入学。"义务教育是全民教育,保障义务教育的实施是政府和社会组织的共同责任。居民委员会、村民委员会作为城市和农村的自我管理、自我教育、自我服务的基层群众性自治组织,是社会组织的构成单位和重要成员,这就决定了居民委员会、村民委员会在义务教育工作中应发挥重要的作用。

关联法规

《未成年人保护法》第83条

《国务院办公厅关于进一步加强控辍保学提高义务教育巩固水平的通知》

第十四条 【禁止招用应接受义务教育的儿童、少年】
禁止用人单位招用应当接受义务教育的适龄儿童、少年。

根据国家有关规定经批准招收适龄儿童、少年进行文艺、体育等专业训练的社会组织,应当保证所招收的适龄儿童、少年接受义务教育;自行实施义务教育的,应当经县级人民政府教育行政部门批准。

条文注释

本条是关于禁止用人单位招用应接受义务教育的儿童、少年的规定。

本条第1款明确规定:"禁止用人单位招用应当接受义务教

育的适龄儿童、少年。"该规定是保护未成年人的身心健康,促进义务教育制度的实施,维护未成年人合法权益的体现。而且《禁止使用童工规定》第3条第1款规定:"不满16周岁的未成年人的父母或者其他监护人应当保护其身心健康,保障其接受义务教育的权利,不得允许其被用人单位非法招用。"《劳动法》第15条第1款规定:"禁止用人单位招用未满十六周岁的未成年人。"《未成年人保护法》第61条第1款规定:"任何组织或者个人不得招用未满十六周岁未成年人,国家另有规定的除外。"

本条第2款是关于招收文艺、体育等适龄儿童、少年,应当保证其接受义务教育的规定。《劳动法》第15条第2款规定:"文艺、体育和特种工艺单位招用未满十六周岁的未成年人,必须遵守国家有关规定,并保障其接受义务教育的权利。"《禁止使用童工规定》第13条第1款规定:"文艺、体育单位经未成年人的父母或者其他监护人同意,可以招用不满16周岁的专业文艺工作者、运动员。用人单位应当保障被招用的不满16周岁的未成年人的身心健康,保障其接受义务教育的权利。文艺、体育单位招用不满16周岁的专业文艺工作者、运动员的办法,由国务院劳动保障行政部门会同国务院文化、体育行政部门制定。"

应当注意的是,学校、其他教育机构以及职业培训机构按照国家有关规定组织不满16周岁的未成年人进行不影响其人身安全和身心健康的教育实践劳动、职业技能培训劳动,不属于非法招用和使用童工。

关联法规

《劳动法》第15条

《未成年人保护法》第61条

《禁止使用童工规定》

第三章 学　　校

第十五条　【学校设置】县级以上地方人民政府根据本行政区域内居住的适龄儿童、少年的数量和分布状况等因素,按照国家有关规定,制定、调整学校设置规划。新建居民区需要设置学校的,应当与居民区的建设同步进行。

条文注释

本条是关于学校设置的规定。

1. 学校设置规划

制定、调整学校设置规划有利于优化义务教育资源配置、提高义务教育质量和办学水平。(1)制定、调整学校设置规划的主体。制定、调整学校设置规划具体由县级以上地方人民政府负责。这里不包括国务院和乡、镇地方人民政府。(2)制定、调整学校设置规划的原则。制定、调整学校设置规划应当坚持"以学生为本"的原则,不能脱离当地学生的实际情况;坚持统筹原则,统筹规划协调发展;坚持均衡原则,实现教育资源合理配置;坚持"就近入学"原则,方便学生入学,减少择校。(3)制定、调整学校设置规划需要考虑的因素。学校设置规划要体现科学性,就要充分考虑本行政区域内居住的适龄儿童、少年的数量、分布情况和地理、环境、交通、经济状况等因素的制约,并运用数学、统计等方法对各种因素可能造成的影响进行量化和评估。在此基础上,因地制宜地对学校设置规划进行落实和调整。且设置学校应与新建居民区的建设同步进行。

2. 调整学校设置规划过程中的经验教训

调整学校设置规划前,人民政府要将调整方案向当地群众公示,充分听取社会各界的意见,对群众反映强烈的问题要认真做好解释工作,并及时修改、完善方案,不得简单对待、敷衍了事。调整学校设置规划要在保证学生就近入学的前提下进行,在交通不便的地区仍须保留必要的教学点。除此之外,还要加强寄宿制学校的建设和管理,探索"远程教育"等新的教学方式。防止因过度调整造成学生失学、辍学和上学难等问题。

关联法规

《国务院办公厅关于规范农村义务教育学校布局调整的意见》

第十六条 【学校建设要求和标准】学校建设,应当符合国家规定的办学标准,适应教育教学需要;应当符合国家规定的选址要求和建设标准,确保学生和教职工安全。

条文注释

本条是关于学校建设应当符合国家规定的办学标准、选址要求和建设标准的规定。

2010年12月24日住房和城乡建设部公布了《中小学校设计规范》(GB 50099-2011),其中学校建筑必须严格执行的强制性规定如下:

(1)中小学校严禁建设在地震、地质塌裂、暗河、洪涝等自然灾害及人为风险高的地段和污染超标的地段。校园及校内建筑与污染源的距离应符合对各类污染源实施控制的国家现行有关标准的规定。

(2)高压电线、长输天然气管道、输油管道严禁穿越或跨越学校校园;当在学校周边敷设时,安全防护距离及防护措施应符合相关规定。

(3)学生宿舍不得设在地下室或半地下室。

(4)临空窗台的高度不应低于0.9m。

(5)上人屋面、外廊、楼梯、平台、阳台等临空部位必须设防护栏杆,防护栏杆必须牢固、安全,高度不应低于1.1m。防护栏杆最薄弱处承受的最小水平推力应不小于1.5kN/m。

除上述强制性规定外,《中小学校设计规范》(GB 50099-2011)还对学校场地和总平面,教学用房及教学辅助用房,行政办公用房和生活服务用房,主要教学用房及教学辅助用房面积指标和净高、安全、通行与疏散、室内环境、建筑设备等方面作了具体要求。

关联法规

《城乡规划法》第29条第2款

《道路交通安全法》第34条

《中小学校设计规范》(GB 50099-2011)

第十七条 【寄宿制学校】县级人民政府根据需要设置寄宿制学校,保障居住分散的适龄儿童、少年入学接受义务教育。

条文注释

本条是关于设置寄宿制学校的规定。

寄宿制中小学校分为全寄宿制和半寄宿制两种。全寄宿制中小学学生食宿全部在学校,生源覆盖面相对较广;半寄宿制中小学学生不完全在学校食宿,招生范围相对集中。寄宿制学校主要解决居住分散的适龄儿童、少年接受义务教育的路程问题。农村地区、边远地区等人口居住分散地区应着重按需设置寄宿制学校。

关联法规

《国务院办公厅关于全面加强乡村小规模学校和乡镇寄宿制学校建设的指导意见》

《农村寄宿制学校生活卫生设施建设与管理规范》

第十八条 【接收少数民族适龄儿童、少年的学校(班)】国务院教育行政部门和省、自治区、直辖市人民政府根据需要,在经济发达地区设置接收少数民族适龄儿童、少年的学校(班)。

关联法规

《民族区域自治法》第37、71条

第十九条 【特殊教育学校(班)】县级以上地方人民政府根据需要设置相应的实施特殊教育的学校(班),对视力残疾、听力语言残疾和智力残疾的适龄儿童、少年实施义务教育。特殊教育学校(班)应当具备适应残疾儿童、少年学习、康复、生活特点的场所和设施。

普通学校应当接收具有接受普通教育能力的残疾适龄儿童、少年随班就读,并为其学习、康复提供帮助。

条文注释

本条是关于残疾适龄儿童、少年接受义务教育的规定。

我国残疾儿童、少年义务教育发展的基本格局是:以大量随班就读和特教班为主体,以特教学校为骨干,使我国特殊教育从过去举办特殊教育学校单一的办学形式,转变为多种办学形式,为残疾儿童、少年入学提供了更多的机会。

(1)特殊教育学校(班)。特殊教育是义务教育的一个组成部分,是使用一般或特别设计的课程、教材、教法、组织形式和设备对特殊儿童、少年进行的达到一般的和特殊的培养目标的教育。

(2)随班就读。根据《残疾人保障法》第25条的规定,普通教育机构对具有接受普通教育能力的残疾人实施教育,并为其学习提供便利和帮助。普通小学、初级中等学校,必须招收能适应其学习生活的残疾儿童、少年入学;拒绝招收的,当事人或者其亲属、监护人可以要求有关部门处理,有关部门应当责令该学校招收。

关联法规

《特殊教育学校暂行规程》

《教育部关于加强残疾儿童少年义务教育阶段随班就读工作的指导意见》

《禁止妨碍义务教育实施的若干规定》第5条

《残疾人教育条例》第12~26条

《教育部办公厅、中国残联办公厅关于做好残疾儿童少年义务教育招生入学工作的通知》

《残疾人保障法》第25条

《国务院办公厅转发教育部等部门关于进一步加快特殊教育事业发展意见的通知》

第二十条 【专门学校】县级以上地方人民政府根据需要,为具有预防未成年人犯罪法规定的严重不良行为的适龄少年设置专门的学校实施义务教育。

条文注释

本条是关于为具有严重不良行为的适龄少年设置专门的学校实施义务教育的规定。

根据《预防未成年人犯罪法》第38条的规定,"严重不良行为"是指未成年人实施的有《刑法》规定、因不满法定刑事责任年龄不予刑事处罚的行为,以及严重危害社会的下列行为:(1)结伙斗殴,追逐、拦截他人,强拿硬要或者任意损毁、占用公私财物等寻衅滋事行为;(2)非法携带枪支、弹药或者弩、匕首等国家规定的管制器具;(3)殴打、辱骂、恐吓,或者故意伤害他人身体;(4)盗窃、哄抢、抢夺或者故意损毁公私财物;(5)传播淫秽的读物、音像制品或者信息等;(6)卖淫、嫖娼,或者进行淫秽表演;(7)吸食、注射毒品,或者向他人提供毒品;(8)参与赌博赌资较大;(9)其他严重危害社会的行为。

根据《预防未成年人犯罪法》第41条的规定,对有严重不良行为的未成年人,公安机关可以根据具体情况,采取以下矫治教育措施:(1)予以训诫;(2)责令赔礼道歉、赔偿损失;(3)责令具结悔过;(4)责令定期报告活动情况;(5)责令遵守特定的行为规范,不得实施特定行为、接触特定人员或者进入特定场所;(6)责令接受心理辅导、行为矫治;(7)责令参加社会服务活动;(8)责令接受社会观护,由社会组织、有关机构在适当场所对未成年人进行教育、监督和管束;(9)其他适当的矫治教育措施。

根据《预防未成年人犯罪法》第47条第1款的规定,专门学校应当对接受专门教育的未成年人分级分类进行教育和矫治,有针对性地开展道德教育、法治教育、心理健康教育,并根据实际情况进行职业教育;对没有完成义务教育的未成年人,应当保证其继续接受义务教育。

关联法规

《预防未成年人犯罪法》第38、41、47条

第二十一条 【对特殊未成年人的义务教育保障】对未完成义务教育的未成年犯和被采取强制性教育措施的未成年人应当进行义务教育,所需经费由人民政府予以保障。

条文注释

本条是关于保障未完成义务教育的未成年犯和被采取强制性教育措施的未成年人接受义务教育的规定。

本法第6章对义务教育的经费保障作出了专章规定。主要内容包括：国家将义务教育全面纳入财政保障范围，义务教育经费由国务院和地方各级人民政府依照本法规定予以保障。国务院和地方各级人民政府将义务教育经费纳入财政预算，按照教职工编制标准、工资标准和学校建设标准、学生人均公用经费标准等，及时足额拨付义务教育经费，确保学校的正常运转和校舍安全，确保教职工工资按照规定发放。义务教育经费投入实行国务院和地方各级人民政府根据职责共同负担，省、自治区、直辖市人民政府负责统筹落实的体制。义务教育经费保障的具体办法由国务院规定。未成年犯和被采取强制性教育措施的未成年人接受义务教育的权利并未被剥夺，所以应对其进行义务教育，所需经费由人民政府保障。

关联法规

《监狱法》第75条

第二十二条 【促进学校均衡发展】县级以上人民政府及其教育行政部门应当促进学校均衡发展，缩小学校之间办学条件的差距，不得将学校分为重点学校和非重点学校。学校不得分设重点班和非重点班。

县级以上人民政府及其教育行政部门不得以任何名义改变或者变相改变公办学校的性质。

条文注释

本条是关于促进学校均衡发展和不得改变或者变相改变公办学校性质的规定。

地方各级教育行政部门要抓紧制订或完善本地区义务教育阶段学校办学基本标准，合理配置公共教育资源，切实加大对薄弱学校的支持力度，加快推进区域内义务教育均衡发展。不能利用公共教育资源集中建设或支持少数窗口学校、示范学校。

要积极推动学区内各学校优秀课程、优秀教师、实验设备、图书资料、体育场馆等教育教学资源的共享。学校要均衡编班,均衡配置校内教育教学资源,不能以各种名义在校内分设重点班和非重点班。要建立健全帮扶学习困难学生的工作机制,给予学习困难的学生以更多的关心和帮助。省级教育行政部门要对本地区义务教育阶段学校举办的各类实验班进行全面清理,进一步明确审批权限和程序。任何部门、单位和个人未经教育行政部门批准,不得擅自在学校举办实验班。确因教育教学改革需要举办的,要严格控制数量和规模,开展实验所需经费由审批部门统筹解决,不得向学生加收费用。根据本法第53条的规定,县级以上人民政府或者其教育行政部门改变或者变相改变公办学校性质的,由上级人民政府或者其教育行政部门责令限期改正、通报批评;情节严重的,对直接负责的主管人员和其他直接责任人员依法给予行政处分。

关联法规

《教育部等八部门关于规范公办学校举办或者参与举办民办义务教育学校的通知》

《教育部、国家发展改革委、财政部关于深入推进义务教育薄弱环节改善与能力提升工作的意见》

第二十三条 【安全保障】各级人民政府及其有关部门依法维护学校周边秩序,保护学生、教师、学校的合法权益,为学校提供安全保障。

条文注释

本条是关于维护学校周边秩序的规定。

学校周边秩序混乱将直接影响广大师生的人身、财产安全和学校正常教育教学活动。维护学校周边秩序是各级人民政府及其有关部门应尽的职责。有关部门包括教育、公安、卫生、质检、建设、工商等部门。

根据《公安机关维护校园及周边治安秩序八条措施》的规定，公安机关维护学校周边良好治安秩序，保障师生人身、财产安全的主要工作措施是：(1)对发生在校园及周边，侵害师生人身、财产权利的刑事和治安案件，实行专案专人责任制。(2)在校园周边治安复杂地区设立治安岗亭，有针对性地开展治安巡逻，强化治安管理。(3)根据需要向学校、幼儿园派驻保安员，负责维护校园安全。(4)选派民警担任中小学和幼儿园的法制副校长或法制辅导员，负责治安防范、交通和消防安全宣传教育工作，每月至少到校园工作2次。(5)地处交通复杂路段的小学、幼儿园上学、放学时，派民警或协管员维护校园门口道路的交通秩序。(6)在学校、幼儿园周边道路设置完善的警告、限速、慢行、让行等交通标志及交通安全设施，在学校门前的道路上施划人行横道线，有条件的设置人行横道信号灯。(7)在城市学校、幼儿园周边有条件的道路设置上学、放学时段的临时停车泊位，方便接送学生的车辆停放。(8)对寄宿制的学校、幼儿园每半年至少组织1次消防监督检查，对其他学校、幼儿园每年至少组织1次消防监督检查，并督促、指导其依法履行消防安全职责。

关联法规

《教育法》第29条第2款

《未成年人保护法》第35条

《预防未成年人犯罪法》第25条

《道路交通安全法》第34条

《民法典》第7编

《中小学幼儿园安全管理办法》

《公安机关维护校园及周边治安秩序八条措施》

《最高人民法院关于充分发挥审判职能作用切实维护学校、幼儿园及周边安全的通知》

第二十四条 【建立、健全安全制度和应急机制】学校应当建立、健全安全制度和应急机制,对学生进行安全教育,加强管理,及时消除隐患,预防发生事故。

县级以上地方人民政府定期对学校校舍安全进行检查;对需要维修、改造的,及时予以维修、改造。

学校不得聘用曾经因故意犯罪被依法剥夺政治权利或者其他不适合从事义务教育工作的人担任工作人员。

条文注释

本条是关于建立、健全安全制度和应急机制的规定。

《突发事件应对法》第43条规定,各级各类学校应当把应急教育纳入教育教学计划,对学生及教职工开展应急知识教育和应急演练,培养安全意识,提高自救与互救能力。教育主管部门应当对学校开展应急教育进行指导和监督,应急管理等部门应当给予支持。

关联法规

《未成年人保护法》第36、37条

《突发事件应对法》第43条

《学生伤害事故处理办法》

《国务院办公厅关于转发教育部中小学公共安全教育指导纲要的通知》

第二十五条 【禁止乱收费】学校不得违反国家规定收取费用,不得以向学生推销或者变相推销商品、服务等方式谋取利益。

条文注释

本条是关于学校不得违反国家规定向学生收取费用的规定。

除中央和省级人民政府外,其他地方人民政府、部门和学校都无权制定收费项目和标准,省级人民政府也不能将制定权下放。

本法第2条第3款明确规定,义务教育阶段不收学费、杂费。对其他应收取的费用,同样需要落实"一费制"。实行"一费制",将进一步推动落实各级人民政府对义务教育的责任,加大人民政府对义务教育的投入力度,保证义务教育的持续、健康发展。

关联法规

《教育法》第74、78条

《教育部、国家发展改革委、财政部关于在全国义务教育阶段学校推行"一费制"收费办法的意见》

《教育部、国家发展改革委、审计署关于印发〈治理义务教育阶段择校乱收费的八条措施〉的通知》

《教育部关于治理义务教育阶段择校乱收费问题的指导意见》

第二十六条 【校长负责制】学校实行校长负责制。校长应当符合国家规定的任职条件。校长由县级人民政府教育行政部门依法聘任。

条文注释

本条是关于学校实行校长负责制的规定。

校长负责制,是指校长对学校的工作全面负责,党组织保证监督,教职工代表大会民主管理相结合的管理体制,即以校长全面负责为核心的三位一体的管理体制。校长负责制主要包括两个方面:一是校长要对上级党委和教育行政部门负责;二是要对学校工作负责。

中小学校长聘任制,是指通过签订聘任合同,确立教育行政部门和中小学校长受聘者间的聘任关系,明确双方责、权、利的一种人事管理制度。主要包括公开招聘、签订聘用合同、定期考核、解聘辞聘等制度。通过实行中小学校长聘任制度,转换用人机制,实现中小学校长管理由身份管理向岗位管理的转变,由行政任用关系向平等协商的聘用关系转变。

中小学校长聘任组织由县级人民政府教育行政部门负责人、相关部门负责人、拟任职位学校的教职工代表等组成。具体形式由各级人民政府教育行政部门结合实际情况确定。聘任组织的主要工作职责是:组织制定并实施校长聘任工作;明确校长的聘任条件及其职责、权利和义务;讨论并向教育行政部门提请确定校长聘任人选;组织对候选人进行考核;负责组织实施对校长进行年度和聘期考核,以及经教育行政部门授权进行解聘、续聘等工作。

关联法规

《教育法》第31条

《义务教育学校校长专业标准》

第二十七条 【不得开除学生】对违反学校管理制度的学生,学校应当予以批评教育,不得开除。

条文注释

本条是关于不得因学生违反学校管理制度而开除学生的规定。

学生是学校的主体。学生在其成长的过程中,不可避免地会犯错误,甚至会违反学校管理制度。接受义务教育的学生是未成年人,从生理、心理等方面都没有发育成熟,即使犯了一些错误,也是能够改正并教育好的。所以,学校是不应当开除学生的。对违反学校管理制度的学生,学校除不应当开除外,还要尽可能不给予其他纪律处分。学校是教书育人的地方,对学生有不可推卸、不可替代的教育责任,如果因为学生违反了校规就开除学生,无疑是将教育的责任推向了社会。

本条明确规定:"对违反学校管理制度的学生,学校应当予以批评教育,不得开除。"就是将学校的教育责任法制化,如果学校因学生违反学校管理制度开除学生,学校应当承担相应的法律责任。

当然,对违反学校管理制度的学生,学校亦不可置之不理,应对违规违纪学生进行管理、训导或者以规定方式予以矫治,促使学生引以为戒、认识和改正错误。学校、教师应当遵循教育规律,依法履行职责,通过积极管教和教育惩戒的实施,及时纠正学生错误言行,培养学生的规则意识、责任意识。

关联法规

《未成年人保护法》第28条

《中小学教育惩戒规则(试行)》

第四章 教 师

第二十八条 【教师的职责】教师享有法律规定的权利,履行法律规定的义务,应当为人师表,忠诚于人民的教育事业。

全社会应当尊重教师。

条文注释

本条是关于教师的权利、义务和社会地位的规定。

根据《教师法》第7条的规定,教师的权利包括:(1)进行教育教学活动,开展教育教学改革和实验。(2)从事科学研究、学术交流,参加专业的学术团体,在学术活动中充分发表意见。这是教师作为专业技术人员的一项基本权利。(3)指导学生的学习和发展,评定学生的品行和学业成绩。这是教师的一项主导性权利,是评价教师工作成绩的主要依据。(4)按时获取工资报酬,享受国家规定的福利待遇以及寒暑假期的带薪休假。(5)对学校教育教学、管理工作和教育行政部门的工作提出意见和建议,通过教职工代表大会或者其他形式,参与学校的民主管理。这是教师民主管理权的体现。(6)参加进修或者其他方式的培训。本法第32条第1款规定,县级以上人民政府应当加强教师培养工作,采取措施发展教师教育。这是为了适应迅速发展的社会和科技的需要,是提高教育质量的需要,是教师的一项重要权利。

教师的义务,是指教师在教育教学活动中依法应当履行的责任。教师必须依法"为"或者"不为"一定行为。这种约束的目的在于促使教师忠实地履行自己的法定义务。《教育法》第33条规定,教师享有法律规定的权利,履行法律规定的义务,忠诚于人民的教育事业。根据《教师法》第8条的规定,教师应当履行下列法律义务:(1)遵守法律和职业道德,为人师表;(2)贯彻国家的教育方针,遵守规章制度,执行学校的教学计划,履行教师聘约,完成教育教学工作任务;(3)对学生进行《宪法》所确定的基本原则的教育和爱国主义、民族团结的教育,法制教育以及思想品德、文化、科学技术教育,组织、带领学生开展有益的社会活动;(4)关心、爱护全体学生,尊重学生人格,促进学生在品德、智力、体质等方面全面发展;(5)制止有害于学生的行为或者其他侵犯学生合法权益的行为,批评和抵制有害于学生健康成长的现象;(6)不断提高思想政治觉悟和教育教学业务水平。

全社会应当尊重教师,这是社会的一项重要责任。

关联法规

《教育法》第4、33条

《教师法》第3、4、7、8条

第二十九条 【平等对待学生】教师在教育教学中应当平等对待学生,关注学生的个体差异,因材施教,促进学生的充分发展。

教师应当尊重学生的人格,不得歧视学生,不得对学生实施体罚、变相体罚或者其他侮辱人格尊严的行为,不得侵犯学生合法权益。

条文注释

本条是关于教师应当平等对待学生、尊重学生人格的规定。

本条明确规定,教师不得侵犯学生的合法权益。这种权益一般包括以下几点:

(1)受教育权。这是学生的一项最基本的权利。如有的学校对违纪学生处以停课处罚,这种做法实际上侵害了学生的受教育权。

(2)生命权、身体权、健康权。学生在学校接受良好教育的同时,其生命权、身体权、健康权应该受到保护。

(3)平等权。学生在学校里有权得到平等对待。其中包括在入学和升学方面平等、学习和生活方面平等、受到公正评价的权利等。

(4)名誉权。名誉是社会对一个人的评价。学生年龄虽小但同样享有名誉权,学校或教师不得对学生的人格进行侮辱或诽谤。

(5)荣誉权。学生在校期间获得的各种荣誉,如参加各级各类竞赛获奖、获得荣誉称号等,学校不得阻止学生获得某荣誉,也不得随意撤销或剥夺学生已获得的荣誉。

(6)财产权。财产权具体体现到学生方面就是财产不被没收,学校无权没收学生的财产。有的教师在上课时发现学生看课外书或玩弄其他物品,采取没收物品的做法,实际上侵害了学生的财产权。

(7)拒绝乱收费的权利。本法第25条规定,学校不得违反国家规定收取费用,不得以向学生推销或者变相推销商品、服务等方式谋取利益。学校向学生违规收取费用,学生和家长有权拒绝。

此外,学生还享有肖像权、隐私权、休息娱乐权、获得良好的校园环境权、著作权等法律规定的未成年人应当享有的其他权利。保护学生的合法权益和身心健康成长,是其监护人乃至全社会的共同责任,更是教师义不容辞的义务。

关联法规

《未成年人保护法》第27条

《教师法》第37条

《中小学教师职业道德规范》

《中小学教育惩戒规则(试行)》第12条

第三十条 【教师资格及职务制度】教师应当取得国家规定的教师资格。

国家建立统一的义务教育教师职务制度。教师职务分为初级职务、中级职务和高级职务。

条文注释

本条是关于教师资格制度和教师职务制度的规定。

教师资格由五个方面的要素组成:(1)必须是中国公民。中国公民即"具有中华人民共和国国籍的人"。公民不分职业,凡符合条件,均可取得教师资格。从事其他职业的人员也可以取得教师资格。(2)思想品德条件。要求遵守法律,热爱教育事业,具有较好的思想品德。(3)学历条件。各级各类学校教师应具备《教师法》规定的学历。(4)教育教学能力。是指教师从事相应教育教学工作所需要的知识和技能。(5)在程序上,取得教师资格必须经过法律授权的行政机关或者委托的其他机构认定。

本法第24条第3款规定,学校不得聘用曾经因故意犯罪被依法剥夺政治权利或者其他不适合从事义务教育工作的人担任工作人员。《教师法》第14条规定,受到剥夺政治权利或者故意犯罪受到有期徒刑以上刑事处罚的,不能取得教师资格;已经取得教师资格的,丧失教师资格。

教师职务制度是国家在各级各类学校及其他教育机构中实行的履行教育教学职责人员的专业聘任制度,是关于教师任用的制度。《教育法》及《教师法》均明确规定了国家实行教师职务制度。本条也明确规定国家建立统一的义务教育教师职务制度。教师职务分为初级职务、中级职务和高级职务。

关联法规

《教师法》第10~17条

《教师资格条例》

第三十一条 【教师工资福利】各级人民政府保障教师工资福利和社会保险待遇,改善教师工作和生活条件;完善农村教师工资经费保障机制。

教师的平均工资水平应当不低于当地公务员的平均工资水平。

特殊教育教师享有特殊岗位补助津贴。在民族地区和边远贫困地区工作的教师享有艰苦贫困地区补助津贴。

条文注释

本条是关于教师的工资福利待遇和津贴的规定。

本条第1款规定,各级人民政府保障教师工资福利和社会保险待遇,改善教师工作和生活条件;完善农村教师工资经费保障机制。保障教师的合法权益,除了应该包括提高教师的政治地位以外,还应包括保障教师的工资福利,改善教师的工作条件和生活条件。根据《教师法》第7条的规定,教师享有按时获取工资报酬、享受国家规定的福利待遇以及寒暑期的带薪休假的权利。教师的工资报酬包括基本工资、职务工资、课时报酬、奖金及教龄津贴、班主任津贴及其他各种津贴。福利待遇包括医疗、住房、退休等方面依法享有的各种优惠待遇,以及寒暑假的带薪休假。

本条第2款规定,教师的平均工资水平应当不低于当地公务员的平均工资水平。本款对教师的工资待遇问题作出了切实可行的规定,体现了教师工资应提高的幅度和可比的参照系,能够保障教师的工资收入逐步提高。

本条第3款规定,特殊教育教师享有特殊岗位补助津贴。在民族地区和边远贫困地区工作的教师享有艰苦贫困地区补助津贴。教师的津贴,是对教师在特殊条件下付出劳动的一种适当补偿,是工资的补充形式。特殊岗位补助津贴是对那些在特殊岗位工作的教师的一种经济补偿。

关联法规

《教师法》第25~32条

第三十二条 【教师培养和流动】县级以上人民政府应当加强教师培养工作,采取措施发展教师教育。

县级人民政府教育行政部门应当均衡配置本行政区域内学校师资力量,组织校长、教师的培训和流动,加强对薄弱学校的建设。

条文注释

本条是关于加强教师培养工作、均衡配置学校师资力量、加强对薄弱学校的建设的规定。

本条第1款规定,县级以上人民政府应当加强教师培养工作,采取措施发展教师教育。在这里,发展教师教育的主体是县级以上人民政府。本法第7条对义务教育工作的管理体制作出了规定,义务教育实行国务院领导,省、自治区、直辖市人民政府统筹规划实施,县级人民政府为主管理的体制。县级以上人民政府教育行政部门具体负责义务教育实施工作;县级以上人民政府其他有关部门在各自的职责范围内负责义务教育实施工作。由此确立了以县级人民政府为主的三级管理体制。根据本条的规定,加强教师培养工作,采取措施发展教师教育,具体由县级以上人民政府负责。这里不包括国务院和乡、镇人民政府。

本条第2款规定,县级人民政府教育行政部门应当均衡配置本行政区域内学校师资力量,组织校长、教师的培训和流动,加强对薄弱学校的建设。实行校长、教师流动制,能保证各校间师资和教育水平的相对均衡。在我国,实施这一制度,尤为必要,它有助于在更大范围内发挥骨干教师的辐射、示范作用,从而指导、带动更多的教师更快地成长。普通、薄弱学校的教师流动到示范学校,也可以在良好的氛围中更快地提高业务水平。长此以往,便可整体提高教师教学水平。

关联法规

《教师法》第18~21条

《中小学教师继续教育规定》

《国务院关于加强教师队伍建设的意见》

第三十三条 【鼓励到农村地区、民族地区从事义务教育工作】国务院和地方各级人民政府鼓励和支持城市学校教师和高等学校毕业生到农村地区、民族地区从事义务教育工作。

国家鼓励高等学校毕业生以志愿者的方式到农村地区、民族地区缺乏教师的学校任教。县级人民政府教育行政部门依法认定其教师资格,其任教时间计入工龄。

条文注释

本条是关于鼓励教师和高等学校毕业生到农村地区、民族地区从事义务教育工作以及相关优惠政策的规定。

为促进少数民族地区和边远贫困地区教育事业的发展，《教师法》也规定了鼓励城市人员赴不发达地区任教，及给予物质补偿等措施。地方各级人民政府对教师以及具有中专以上学历的毕业生到少数民族地区和边远贫困地区从事教育教学工作的，应当予以补贴。"具有中专以上学历的"毕业生，虽然这些人员还没有获取教师资格，没有从事过教育教学工作，还不能称为教师，但是只要他们去民族地区和边远贫困地区从事教育教学工作，就能享受地区性补贴待遇。

为推进义务教育均衡发展，《教育法》也规定，国家根据各少数民族的特点和需要，帮助各少数民族地区发展教育事业。国家扶持边远贫困地区发展教育事业。

通过这些优惠政策引导一些优秀教师和毕业生流向农村和民族地区，从而对均衡城市与农村、发达与落后地区的师资力量，提高农村和民族地区的教育质量，改变当地的教风学风，提高学校管理水平，起到很大的促进作用。在此基础上，逐步完善教师定期流动制度。同时，应当给予支教教师和毕业生适当的优惠待遇，除了在物质方面给予一定奖励外，在教师资格、工龄方面也要制定一些优惠政策。这样才有利于教师在当地安心从教，保障农村和民族地区师资力量的稳定。

关联法规

《教师法》第21、27、31条

《教育法》第10条

《教育部关于大力推进城镇教师队伍支援农村教育工作的意见》

第五章　教育教学

第三十四条　【教育教学工作的职责】教育教学工作应当符合教育规律和学生身心发展特点，面向全体学生，教书育人，将德育、智育、体育、美育等有机统一在教育教学活动中，注重培养学生独立思考能力、创新能力和实践能力，促进学生全面发展。

条文注释

本条是关于教育教学工作的方针和对学生的培养目标方面的规定。

从本条对教育教学的培养目标的规定中可以分析得出，素质教育至少应当具有以下几个特征：(1)教育对象的全体性。从广义上说，素质教育是面向全体国民的，每一位社会成员都能接受一定时期、一定程度的教育；从狭义上说，素质教育是面向全体学生的，不仅要使每位学生都能在原生条件基础上得到应有的发展，而且要使每位学生都能在基本素质方面达到规定的合格标准，绝不人为地忽视任何一位学生。(2)发展学生的主动性。素质教育尊重学生的主体地位，强调发挥学生的主观能动性，即注重培养学生独立思考能力、创新能力和实践能力。(3)教育目标的全面性。素质教育的根本宗旨是全面提高国民素质，要使受教育者在基本素质方面得到全面、和谐、充分的发展。(4)教育教学活动的广泛性和开放性。素质教育首先要求教育内容有拓展，重视利用课外的自然资源和社会资源；其次要求教育空间扩展到自然、社会环境中去，充分利用适宜学生成长的开放性教育场所，利用多样化的教育渠道建立起学校教育、家庭教育和社会教育相结合的教育网络。简言之，是要在广泛的、开放性的教育教学活动中把德育、智育、体育、美育等有机统一起来。

关联法规

《中共中央、国务院关于深化教育改革全面推进素质教育的决定》

> **第三十五条 【推进素质教育、提高教学质量】** 国务院教育行政部门根据适龄儿童、少年身心发展的状况和实际情况,确定教学制度、教育教学内容和课程设置,改革考试制度,并改进高级中等学校招生办法,推进实施素质教育。
>
> 学校和教师按照确定的教育教学内容和课程设置开展教育教学活动,保证达到国家规定的基本质量要求。
>
> 国家鼓励学校和教师采用启发式教育等教育教学方法,提高教育教学质量。

条文注释

本条是关于推进素质教育、提高教学质量的规定。

为深入贯彻党的十九大精神和全国教育大会部署,加快推进教育现代化,建设教育强国,办好人民满意的教育,学校应当从以下几个方面深化教育教学改革、全面提高义务教育质量:(1)坚持立德树人,着力培养担当民族复兴大任的时代新人。(2)坚持"五育"并举,全面发展素质教育,突出德育实效,提升智育水平,强化体育锻炼,增强美育熏陶,加强劳动教育。(3)强化课堂主阵地作用,切实提高课堂教学质量。省级教育部门要分学科制定课堂教学基本要求,市县级教育部门要指导学校形成教学管理特色。促进信息技术与教育教学融合应用。推进"教育+互联网"发展,按照服务教师教学、服务学生学习、服务学校管理的要求,建立覆盖义务教育各年级各学科的数字教育资源体系。(4)按照"四有好老师"标准,建设高素质专业化教师队伍。以新时代教师素质要求和国家课程标准为导向,改革和加强师范教育,提高教师培养培训质量。(5)深化关键领域改革,为提高教育质量创造条件。建立以发展素质教育为导向的科学评价体系,国家制定县域义务教育质量、学校办学质量和学生发展质量评价标准。(6)加强组织领导,开创新时代义务教育改革发展新局面。要坚持党的全面领导。各级党委和政府要把办好义务教育作为重中之重,全面加强党的领导,切实履行省级和市级政府统筹实施、县级政府为主管理责任。

关联法规

《学校体育工作条例》

《中共中央办公厅、国务院办公厅关于进一步减轻义务教育阶段学生作业负担和校外培训负担的意见》

《教育部办公厅关于加强义务教育学校考试管理的通知》

《中共中央、国务院关于深化教育教学改革全面提高义务教育质量的意见》

第三十六条 【重视德育】学校应当把德育放在首位,寓德育于教育教学之中,开展与学生年龄相适应的社会实践活动,形成学校、家庭、社会相互配合的思想道德教育体系,促进学生养成良好的思想品德和行为习惯。

条文注释

本条是关于学校应当重视德育的规定。

德育教育是对学生进行思想、政治、道德、法律和心理健康的教育。它是学校教育工作的重要组成部分,与智育、体育、美育、劳育等相互联系,彼此渗透,密切协调,对学生健康成长、成才和学校工作具有重要的导向、动力和保证作用。学校应该把德育工作摆在素质教育的首要位置。

第三十七条 【学生课外活动】学校应当保证学生的课外活动时间,组织开展文化娱乐等课外活动。社会公共文化体育设施应当为学校开展课外活动提供便利。

条文注释

本条是关于学生课外活动的规定。

课外活动与课堂教学是一个完整的教育系统,课外活动是课堂教育的必要补充;二者相互作用,相辅相成。

本条所称社会公共文化体育设施,是指由各级人民政府举办或者社会力量举办的,向公众开放用于开展文化体育活动的公益性的图书馆、博物馆、纪念馆、美术馆、文化馆(站)、体育场(馆)、青少年宫、工人文化宫等的建筑物、场地和设备。

社会公共文化体育设施应当为学校开展课外活动提供便利,《公共文化体育设施条例》第17条规定,公共文化体育设施应当根据其功能、特点向公众开放,开放时间应当与当地公众的工作时间、学习时间适当错开。公共文化体育设施的开放时间,不得少于省、自治区、直辖市规定的最低时限。国家法定节假日和学校寒暑假期间,应当适当延长开放时间。学校寒暑假期间,公共文化体育设施管理单位应当增设适合学生特点的文化体育活动。

关联法规

《公共文化体育设施条例》

《中共中央办公厅、国务院办公厅关于加强青少年学生活动场所建设和管理工作的通知》

第三十八条 【教科书】教科书根据国家教育方针和课程标准编写,内容力求精简,精选必备的基础知识、基本技能,经济实用,保证质量。

国家机关工作人员和教科书审查人员,不得参与或者变相参与教科书的编写工作。

关联法规

《中小学教材编写、审查和选用的规定》

第三十九条 【教科书审定制度】国家实行教科书审定制度。教科书的审定办法由国务院教育行政部门规定。

未经审定的教科书,不得出版、选用。

关联法规

《中小学教科书选用管理暂行办法》
《普通中小学教材出版发行管理规定》

第四十条 【教科书的定价】教科书价格由省、自治区、直辖市人民政府价格行政部门会同同级出版主管部门按照微利原则确定。

关联法规

《政府制定价格行为规则》
《免费教科书政府采购工作暂行办法》

第四十一条 【教科书循环使用】国家鼓励教科书循环使用。

关联法规

《教育部、财政部关于全面实施城乡义务教育教科书免费提供和做好部分免费教科书循环使用工作的意见》

第六章 经费保障

第四十二条 【财政保障】国家将义务教育全面纳入财政保障范围,义务教育经费由国务院和地方各级人民政府依照本法规定予以保障。

国务院和地方各级人民政府将义务教育经费纳入财政预算,按照教职工编制标准、工资标准和学校建设标准、学生人均公用经费标准等,及时足额拨付义务教育经费,确保学校的正常运转和校舍安全,确保教职工工资按照规定发放。

国务院和地方各级人民政府用于实施义务教育财政拨款的增长比例应当高于财政经常性收入的增长比例,保证按照在校学生人数平均的义务教育费用逐步增长,保证教职工工资和学生人均公用经费逐步增长。

条文注释

本条是关于国家将义务教育全面纳入财政保障范围的规定。

根据《国务院办公厅转发〈中央编办、教育部、财政部关于制定中小学教职工编制标准意见〉的通知》的规定,制定科学的中小学教职工编制标准和实施办法,应当遵循以下原则:(1)保证基础教育发展的基本需要;(2)与经济发展水平和财政承受能力相适应;(3)力求精简和高效;(4)因地制宜,区别对待。因此,义务教育教职工编制标准应当根据经济和社会发展状况适时调整,制定、调整义务教育教职工编制标准应当遵循精简高效、向教学第一线倾斜和向农村地区、民族地区倾斜的原则。

关联法规

《教育法》第54、55条

《国务院关于进一步完善城乡义务教育经费保障机制的通知》

《城乡义务教育补助经费管理办法》

第四十三条 【学生人均公用经费基本标准】学校的学生人均公用经费基本标准由国务院财政部门会同教育行政部门制定,并根据经济和社会发展状况适时调整。制定、调整学生人均公用经费基本标准,应当满足教育教学基本需要。

省、自治区、直辖市人民政府可以根据本行政区域的实际情况,制定不低于国家标准的学校学生人均公用经费标准。

特殊教育学校(班)学生人均公用经费标准应当高于普通学校学生人均公用经费标准。

第四十四条 【经费分担制度】义务教育经费投入实行国务院和地方各级人民政府根据职责共同负担,省、自治区、直辖市人民政府负责统筹落实的体制。农村义务教育所需经费,由各级人民政府根据国务院的规定分项目、按比例分担。

各级人民政府对家庭经济困难的适龄儿童、少年免费提供教科书并补助寄宿生生活费。

义务教育经费保障的具体办法由国务院规定。

第六章 经费保障

条文注释

本条是关于义务教育经费保障体制的规定。

《国务院关于深化农村义务教育经费保障机制改革的通知》中有关义务教育经费保障的主要内容如下：

(1) 全部免除农村义务教育阶段学生学杂费，对贫困家庭学生免费提供教科书并补助寄宿生生活费。免学杂费资金由中央和地方按比例分担，西部地区为8:2，中部地区为6:4；东部地区除直辖市外，按照财力状况分省确定。免费提供教科书资金，中西部地区由中央全额承担，东部地区由地方自行承担。补助寄宿生生活费资金由地方承担，补助对象、标准及方式由地方人民政府确定。

(2) 提高农村义务教育阶段中小学公用经费保障水平。在免除学杂费的同时，先落实各省(区、市)制订的本省(区、市)农村中小学预算内生均公用经费拨款标准，所需资金由中央和地方按照免学杂费资金的分担比例共同承担。在此基础上，为促进农村义务教育均衡发展，由中央适时制定全国农村义务教育阶段中小学公用经费基准定额，所需资金仍由中央和地方按上述比例共同承担。中央适时对基准定额进行调整。

(3) 建立农村义务教育阶段中小学校舍维修改造长效机制。对中西部地区，中央根据农村义务教育阶段中小学在校生人数和校舍生均面积、使用年限、单位造价等因素，分省(区、市)测定每年校舍维修改造所需资金，由中央和地方按照5:5比例共同承担。对东部地区，农村义务教育阶段中小学校舍维修改造所需资金主要由地方自行承担，中央根据其财力状况以及校舍维修改造成效等情况，给予适当奖励。

(4) 巩固和完善农村中小学教师工资保障机制。中央继续按照现行体制，对中西部及东部部分地区农村中小学教师工资经费给予支持。省级人民政府要加大对本行政区域内财力薄弱地区的转移支付力度,确保农村中小学教师工资按照国家标准按时足额发放。

关联法规

《国务院关于深化农村义务教育经费保障机制改革的通知》

《教育部办公厅关于进一步规范义务教育阶段家庭经济困难学生生活补助工作的通知》

第四十五条 【义务教育经费安排】地方各级人民政府在财政预算中将义务教育经费单列。

县级人民政府编制预算,除向农村地区学校和薄弱学校倾斜外,应当均衡安排义务教育经费。

条文注释

本条是关于义务教育经费安排的规定。

教育经费在各级财政预算中属于一种财政支出。教育经费预算是各级财政进行教育经费拨款的依据。过去,教育经费一般与科学、文化、卫生、体育等各项事业经费共同作为一项财政支出项目进行预算,教育经费支出预算具有不确定性,国家财政拨给的教育经费因受科学、文化、卫生、体育等项影响而失去稳定的保障。鉴于此,本条规定对教育经费实行预算单列,使教育事权和财权达到统一。具体而言,教育经费预算由各级教育部门每年提出方案,各级政府在其财政预算支出中单独立项,不再与其他预算支出相混,然后经过批准严格落实。同时,国家统计局、教育部对教育经费支出情况分别统计并予以公布。教育经费支出在各级财政预算中单独列项对于保障教育经费的可靠性、稳定性有重要作用。同时,国家能清晰掌握教育经费的财政投入情况,从而把教育经费引入法制化、规范化的轨道。

关联法规

《教育法》第 56 条

第四十六条 【财政转移支付】国务院和省、自治区、直辖市人民政府规范财政转移支付制度,加大一般性转移支付规模和规范义务教育专项转移支付,支持和引导地方各级人民政府增加对义务教育的投入。地方各级人民政府确保将上级人民政府的义务教育转移支付资金按照规定用于义务教育。

第四十七条 【专项扶持资金】国务院和县级以上地方人民政府根据实际需要,设立专项资金,扶持农村地区、民族地区实施义务教育。

条文注释

本条是关于国务院和县级以上地方人民政府设立专项资金,扶持农村地区、民族地区实施义务教育的规定。

本条所称的"专项资金"是指由各级财政拨付,专门用于解决农村地区、民族地区义务教育实施过程中特定问题的资金。

目前,我国已经实施和正在实施的用于扶持农村地区和民族地区义务教育事业的专项资金主要有:(1)国家贫困地区义务教育工程专项资金。(2)农村中小学危房改造工程专项资金。(3)免费教科书专项资金。(4)农村义务教育阶段学校教师特设岗位计划专项资金。(5)农村义务教育经费保障机制改革专项资金。

关联法规

《教育法》第 57 条

《义务教育薄弱环节改善与能力提升补助资金管理办法》

第四十八条 【鼓励捐赠】国家鼓励社会组织和个人向义务教育捐赠,鼓励按照国家有关基金会管理的规定设立义务教育基金。

条文注释

本条是关于国家鼓励社会组织和个人向义务教育捐赠及鼓励设立义务教育基金的规定。

本条包含了两层意思:第一,国家鼓励公民个人、法人或者其他组织向义务教育捐赠,并按《公益事业捐赠法》等有关法律法规的规定享受税收等方面的优惠。公民个人、法人或者其他组织自愿、无偿向从事义务教育的学校捐赠财产,用于义务教育事业的,适用《公益事业捐赠法》的有关规定。第二,国家鼓励设立义务教育基金。

关联法规

《教育法》第60条

《公益事业捐赠法》

《基金会管理条例》

第四十九条 【义务教育经费的专款专用】义务教育经费严格按照预算规定用于义务教育;任何组织和个人不得侵占、挪用义务教育经费,不得向学校非法收取或者摊派费用。

关联法规

《教育法》第61条

《财政部办公厅、教育部办公厅关于进一步加强义务教育学校公用经费管理的通知》

第五十条 【审计监督与统计公告制度】县级以上人民政府建立健全义务教育经费的审计监督和统计公告制度。

第六章 经费保障

条文注释

本条是关于审计监督与统计公告制度的规定。

1. 建立健全义务教育经费的审计监督制度

根据《教育法》、《审计法》和《审计署关于内部审计工作的规定》以及本法的有关规定，教育系统按照依法治教、从严管理的原则，应建立内部审计制度，促进教育行政部门和义务教育学校（机构）遵守国家财经法规、规范内部管理、加强廉政建设、维护自身合法权益，防范风险、提高教育资金使用效益。教育系统内部审计是教育系统内部审计机构、审计人员对财务收支、经济活动的真实、合法和效益进行独立监督、评价的行为。

2. 建立健全义务教育经费统计公告制度

各级人民政府在安排农村义务教育经费时要切实做到公开透明，要把落实农村义务教育经费保障责任与投入情况向同级人民代表大会报告，并向社会公布，接受社会监督。各级财政、教育、物价、审计、监察等有关部门要加强对农村义务教育经费安排使用、贫困学生界定、中小学收费等情况的监督检查。各级人民政府要改进和加强教育督导工作，把农村义务教育经费保障机制改革和教育综合改革作为教育监察和督导的重要内容，重点检查各级政府贯彻落实国家有关政策的情况。检查学校公用经费的预算、决算、每季度财务报表和代收费使用等情况应向师生和家长公示，接受监督。

关联法规

《审计法》

《审计署关于内部审计工作的规定》

《教育系统内部审计工作规定》

《教育统计管理规定》

第七章 法 律 责 任

第五十一条 【未履行经费保障职责的法律责任】国务院有关部门和地方各级人民政府违反本法第六章的规定,未履行对义务教育经费保障职责的,由国务院或者上级地方人民政府责令限期改正;情节严重的,对直接负责的主管人员和其他直接责任人员依法给予行政处分。

条文注释

本条是关于国务院有关部门和地方各级人民政府违反本法第6章的规定,未履行对义务教育经费保障职责的法律责任的规定。

国务院有关部门和地方各级人民政府违反本法第6章的规定,未履行对义务教育经费保障职责的违法行为,包括未依照本法规定拨付义务教育经费,或者在财政预算中未将义务教育经费单列等。对于这些违法行为,要由国务院或者上级地方人民政府责令限期改正;情节严重的,对直接负责的主管人员和其他直接责任人员依法给予行政处分。这里主要规定的是行政法律责任。

行政法律责任分为行政处分和行政处罚。本条规定的法律责任为行政处分的法律责任。

《公务员法》对行政处分的适用情节、种类及程序作了明确规定,是对公务员实施行政处分的主要法律依据。根据《公务员法》的规定,行政处分的种类有六种,从轻到重依次为警告、记过、记大过、降级、撤职、开除。

关联法规

《公务员法》

第五十二条 【政府违法的法律责任】县级以上地方人民政府有下列情形之一的,由上级人民政府责令限期改正;情节严重的,对直接负责的主管人员和其他直接责任人员依法给予行政处分:

(一)未按照国家有关规定制定、调整学校的设置规划的;

(二)学校建设不符合国家规定的办学标准、选址要求和建设标准的;

(三)未定期对学校校舍安全进行检查,并及时维修、改造的;

(四)未依照本法规定均衡安排义务教育经费的。

关联法规

《公务员法》

《义务教育法》第15、16、24、45条

第五十三条 【政府和教育行政部门失职的法律责任】县级以上人民政府或者其教育行政部门有下列情形之一的,由上级人民政府或者其教育行政部门责令限期改正、通报批评;情节严重的,对直接负责的主管人员和其他直接责任人员依法给予行政处分:

(一)将学校分为重点学校和非重点学校的;

(二)改变或者变相改变公办学校性质的。

县级人民政府教育行政部门或者乡镇人民政府未采取措施组织适龄儿童、少年入学或者防止辍学的,依照前款规定追究法律责任。

条文注释

本条是关于县级以上人民政府或者其教育行政部门将学校分为重点学校和非重点学校,改变或者变相改变公办学校性质,以及县级人民政府教育行政部门或者乡镇人民政府未采取措施组织适龄儿童、少年入学或者防止辍学的法律责任的规定。

这一违法行为的主体主要是县级以上人民政府及其教育行政部门。本法第22条规定,"县级以上人民政府及其教育行政部门应当促进学校均衡发展,缩小学校之间办学条件的差距,不得将学校分为重点学校和非重点学校。学校不得分设重点班和非重点班"。

通报批评对一些倾向性问题具有引导、纠正的作用。通报批评要具有原则性、针对性和指导性,在内容上一般包括错误的事实、性质、产生的原因、应吸取的教训等。通报批评可以使广大干部群众受到教育、引以为戒、避免和杜绝类似问题的发生。

关联法规

《义务教育法》第13、22条

第五十四条 【侵占、挪用和摊派的法律后果】有下列情形之一的,由上级人民政府或者上级人民政府教育行政部门、财政部门、价格行政部门和审计机关根据职责分工责令限期改正;情节严重的,对直接负责的主管人员和其他直接责任人员依法给予处分:

(一)侵占、挪用义务教育经费的;

(二)向学校非法收取或者摊派费用的。

条文注释

本条是关于侵占、挪用义务教育经费,以及向学校非法收取或者摊派费用的法律后果的规定。

本法第49条规定:"义务教育经费严格按照预算规定用于

义务教育;任何组织和个人不得侵占、挪用义务教育经费,不得向学校非法收取或者摊派费用。"对于违反这一规定的违法行为,要依法承担相应的法律责任。

(1)侵占、挪用义务教育经费。这一项规定的违法主体比较广泛,包括公民、法人和其他组织,如行政机关及其工作人员、学校的校长及财务人员等,这些组织和个人在划拨、管理、经手处理义务教育经费时,都必须严格遵守法律的规定和财务制度,专款专用,不得侵占、挪用义务教育经费。

(2)向学校非法收取或者摊派费用。即任何组织和个人,都不得向学校非法收取或者摊派费用,如违法强令学校订购某些书报杂志,或者向学校违法收取某些费用,如学校没有排污,却要向学校征收排污费等,都是违法的。

对于上述违法行为,要由上级人民政府或者上级人民政府教育行政部门、财政部门、价格行政部门和审计机关根据职责分工责令限期改正;情节严重的,对直接负责的主管人员和其他直接责任人员依法给予处分。本条规定的五个执法主体根据职责分工进行执法,主要遵循两个原则:一是要依据各自的法定职责;二是要具体考量违法行为的主体是谁,从而确定执法的主体。比如,学校校长实施了侵占、挪用义务教育经费的行为,由主管的教育部门进行处罚;乡镇政府领导人实施了侵占、挪用义务教育经费的行为,由上级人民政府即由县级人民政府进行处罚;县财政局的人员实施了侵占、挪用义务教育经费的行为,由上级财政部门进行处罚。

关联法规

《义务教育法》第49条

第五十五条 【学校或者教师违法的法律责任】学校或者教师在义务教育工作中违反教育法、教师法规定的,依照教育法、教师法的有关规定处罚。

条文注释

本条是关于学校或者教师在义务教育工作中违反《教育法》《教师法》等规定的法律责任的规定。

《教育法》《教师法》主要对学校和教师的以下违法行为规定了法律责任：

(1) 明知校舍或者教育教学设施有危险而不采取措施,造成人员伤亡或者重大财产损失的,对直接负责的主管人员和其他直接责任人员,依法追究刑事责任。

(2) 在国家教育考试中作弊的,由教育行政部门宣布考试无效,对直接负责的主管人员和其他直接责任人员,依法给予行政处分。

(3) 违反《教育法》的规定颁发学位证书、学历证书或者其他学业证书的,由教育行政部门宣布证书无效,责令收回或者予以没收;有违法所得的,没收违法所得;情节严重的,取消其颁发证书的资格。

(4) 侵犯教师、受教育者的合法权益,造成损失、损害的,应当依法承担民事责任。

(5) 对依法提出申诉、控告、检举的教师进行打击报复的,由其所在单位或者上级机关责令改正;情节严重的,可以根据具体情况给予行政处分。

(6) 教师故意不完成教育教学任务给教育教学工作造成损失的,或者体罚学生经教育不改的,以及品行不良、侮辱学生,影响恶劣的,由所在学校、其他教育机构或者教育行政部门给予行政处分或者解聘;情节严重构成犯罪的,依法追究刑事责任。

上述违法行为涉及的法律责任,包括行政责任、民事责任和刑事责任三种。

关联法规

《教育法》第 73~83 条

《教师法》第 37 条

第五十六条 【乱收费和违规编写教科书的法律责任】
学校违反国家规定收取费用的,由县级人民政府教育行政部门责令退还所收费用;对直接负责的主管人员和其他直接责任人员依法给予处分。

学校以向学生推销或者变相推销商品、服务等方式谋取利益的,由县级人民政府教育行政部门给予通报批评;有违法所得的,没收违法所得;对直接负责的主管人员和其他直接责任人员依法给予处分。

国家机关工作人员和教科书审查人员参与或者变相参与教科书编写的,由县级以上人民政府或者其教育行政部门根据职责权限责令限期改正,依法给予行政处分;有违法所得的,没收违法所得。

关联法规

《行政处罚法》
《教育法》第 78 条
《义务教育法》第 25、38 条
《财政部关于切实做好治理教育乱收费工作的通知》

第五十七条 【学校违法的法律责任】学校有下列情形之一的,由县级人民政府教育行政部门责令限期改正;情节严重的,对直接负责的主管人员和其他直接责任人员依法给予处分:

(一)拒绝接收具有接受普通教育能力的残疾适龄儿童、少年随班就读的;

(二)分设重点班和非重点班的;

（三）违反本法规定开除学生的；
（四）选用未经审定的教科书的。

关联法规

《行政处罚法》
《义务教育法》第19、22、27、39条

第五十八条 【监护人责任】适龄儿童、少年的父母或者其他法定监护人无正当理由未依照本法规定送适龄儿童、少年入学接受义务教育的，由当地乡镇人民政府或者县级人民政府教育行政部门给予批评教育，责令限期改正。

第五十九条 【相关违法行为的法律后果】有下列情形之一的，依照有关法律、行政法规的规定予以处罚：
（一）胁迫或者诱骗应当接受义务教育的适龄儿童、少年失学、辍学的；
（二）非法招用应当接受义务教育的适龄儿童、少年的；
（三）出版未经依法审定的教科书的。

关联法规

《义务教育法》第14条

第六十条 【刑事责任】违反本法规定，构成犯罪的，依法追究刑事责任。

条文注释

本条是关于违反本法构成犯罪的行为要依法追究刑事责任的规定。

构成违反本法的犯罪行为，主要包括：
（1）截留、克扣、挪用、贪污义务教育经费的行为。对于截

留、克扣、挪用、贪污义务教育经费的违法行为,不构成犯罪的,要依法给予行政处分;构成犯罪的,要依据《刑法》第382~384条规定的贪污罪和挪用公款罪追究刑事责任。

(2)国家机关工作人员在义务教育实施工作中滥用职权、玩忽职守、徇私舞弊的行为。可以依据《刑法》分则第9章"渎职罪"的相关规定追究刑事责任。

(3)学校或者教师侵害学生权益的,如对学生实施体罚,方式包括殴打、非法拘禁等,以及以各种方式侮辱学生,造成严重后果,构成犯罪的,要依法追究其刑事责任。

关联法规

《义务教育法》第49条

《刑法》第382~384条、第九章

第八章 附 则

第六十一条 【不收杂费的实施步骤】对接受义务教育的适龄儿童、少年不收杂费的实施步骤,由国务院规定。

第六十二条 【适用范围】社会组织或者个人依法举办的民办学校实施义务教育的,依照民办教育促进法有关规定执行;民办教育促进法未作规定的,适用本法。

关联法规

《民办教育促进法》

《民办教育促进法实施条例》

第六十三条 【施行日期】本法自2006年9月1日起施行。

附录

中华人民共和国未成年人保护法

（1991年9月4日第七届全国人民代表大会常务委员会第二十一次会议通过 2006年12月29日第十届全国人民代表大会常务委员会第二十五次会议第一次修订 根据2012年10月26日第十一届全国人民代表大会常务委员会第二十九次会议《关于修改〈中华人民共和国未成年人保护法〉的决定》第一次修正 2020年10月17日第十三届全国人民代表大会常务委员会第二十二次会议第二次修订 根据2024年4月26日第十四届全国人民代表大会常务委员会第九次会议《关于修改〈中华人民共和国农业技术推广法〉、〈中华人民共和国未成年人保护法〉、〈中华人民共和国生物安全法〉的决定》第二次修正）

第一章 总 则

第一条 【立法目的】 为了保护未成年人身心健康，保障未成年人合法权益，促进未成年人德智体美劳全面发展，培养有理想、有道德、有文化、有纪律的社会主义建设者和接班人，培养担当民族复兴大任的时代新人，根据宪法，制定本法。

第二条 【未成年人定义】 本法所称未成年人是指未满十八周岁的公民。

第三条 【未成年人平等享有权利】 国家保障未成年人的生存权、发展权、受保护权、参与权等权利。

未成年人依法平等地享有各项权利,不因本人及其父母或者其他监护人的民族、种族、性别、户籍、职业、宗教信仰、教育程度、家庭状况、身心健康状况等受到歧视。

第四条 【未成年人保护的基本原则和要求】保护未成年人,应当坚持最有利于未成年人的原则。处理涉及未成年人事项,应当符合下列要求:

(一)给予未成年人特殊、优先保护;

(二)尊重未成年人人格尊严;

(三)保护未成年人隐私权和个人信息;

(四)适应未成年人身心健康发展的规律和特点;

(五)听取未成年人的意见;

(六)保护与教育相结合。

第五条 【教育指导原则】国家、社会、学校和家庭应当对未成年人进行理想教育、道德教育、科学教育、文化教育、法治教育、国家安全教育、健康教育、劳动教育,加强爱国主义、集体主义和中国特色社会主义的教育,培养爱祖国、爱人民、爱劳动、爱科学、爱社会主义的公德,抵制资本主义、封建主义和其他腐朽思想的侵蚀,引导未成年人树立和践行社会主义核心价值观。

第六条 【社会共同责任】保护未成年人,是国家机关、武装力量、政党、人民团体、企业事业单位、社会组织、城乡基层群众性自治组织、未成年人的监护人以及其他成年人的共同责任。

国家、社会、学校和家庭应当教育和帮助未成年人维护自身合法权益,增强自我保护的意识和能力。

第七条 【监护人和国家在监护方面的责任】未成年人的父母或者其他监护人依法对未成年人承担监护职责。

国家采取措施指导、支持、帮助和监督未成年人的父母或者其他监护人履行监护职责。

第八条 【政府对未成年人保护工作的保障】县级以上人民政府应当将未成年人保护工作纳入国民经济和社会发展规划,相关经费纳入本级政府预算。

第九条 【协调机制】各级人民政府应当重视和加强未成年人保护工

作。县级以上人民政府负责妇女儿童工作的机构，负责未成年人保护工作的组织、协调、指导、督促，有关部门在各自职责范围内做好相关工作。

第十条　【群团组织及有关社会组织职责】共产主义青年团、妇女联合会、工会、残疾人联合会、关心下一代工作委员会、青年联合会、学生联合会、少年先锋队以及其他人民团体、有关社会组织，应当协助各级人民政府及其有关部门、人民检察院、人民法院做好未成年人保护工作，维护未成年人合法权益。

第十一条　【检举、控告和强制报告制度】任何组织或者个人发现不利于未成年人身心健康或者侵犯未成年人合法权益的情形，都有权劝阻、制止或者向公安、民政、教育等有关部门提出检举、控告。

国家机关、居民委员会、村民委员会、密切接触未成年人的单位及其工作人员，在工作中发现未成年人身心健康受到侵害、疑似受到侵害或者面临其他危险情形的，应当立即向公安、民政、教育等有关部门报告。

有关部门接到涉及未成年人的检举、控告或者报告，应当依法及时受理、处置，并以适当方式将处理结果告知相关单位和人员。

第十二条　【未成年人保护科学研究】国家鼓励和支持未成年人保护方面的科学研究，建设相关学科、设置相关专业，加强人才培养。

第十三条　【未成年人调查统计制度】国家建立健全未成年人统计调查制度，开展未成年人健康、受教育等状况的统计、调查和分析，发布未成年人保护的有关信息。

第十四条　【表彰和奖励】国家对保护未成年人有显著成绩的组织和个人给予表彰和奖励。

第二章　家庭保护

第十五条　【监护人及家庭成员的家庭教育职责】未成年人的父母或者其他监护人应当学习家庭教育知识，接受家庭教育指导，创造良好、和睦、文明的家庭环境。

共同生活的其他成年家庭成员应当协助未成年人的父母或者其他监护人抚养、教育和保护未成年人。

第十六条　【父母或者其他监护人监护职责】未成年人的父母或者其他监护人应当履行下列监护职责：

（一）为未成年人提供生活、健康、安全等方面的保障；

（二）关注未成年人的生理、心理状况和情感需求；

（三）教育和引导未成年人遵纪守法、勤俭节约，养成良好的思想品德和行为习惯；

（四）对未成年人进行安全教育，提高未成年人的自我保护意识和能力；

（五）尊重未成年人受教育的权利，保障适龄未成年人依法接受并完成义务教育；

（六）保障未成年人休息、娱乐和体育锻炼的时间，引导未成年人进行有益身心健康的活动；

（七）妥善管理和保护未成年人的财产；

（八）依法代理未成年人实施民事法律行为；

（九）预防和制止未成年人的不良行为和违法犯罪行为，并进行合理管教；

（十）其他应当履行的监护职责。

第十七条　【监护中的禁止性行为】未成年人的父母或者其他监护人不得实施下列行为：

（一）虐待、遗弃、非法送养未成年人或者对未成年人实施家庭暴力；

（二）放任、教唆或者利用未成年人实施违法犯罪行为；

（三）放任、唆使未成年人参与邪教、迷信活动或者接受恐怖主义、分裂主义、极端主义等侵害；

（四）放任、唆使未成年人吸烟(含电子烟，下同)、饮酒、赌博、流浪乞讨或者欺凌他人；

（五）放任或者迫使应当接受义务教育的未成年人失学、辍学；

（六）放任未成年人沉迷网络，接触危害或者可能影响其身心健康的图书、报刊、电影、广播电视节目、音像制品、电子出版物和网络信息等；

（七）放任未成年人进入营业性娱乐场所、酒吧、互联网上网服务营业场所等不适宜未成年人活动的场所；

（八）允许或者迫使未成年人从事国家规定以外的劳动；

（九）允许、迫使未成年人结婚或者为未成年人订立婚约；

（十）违法处分、侵吞未成年人的财产或者利用未成年人牟取不正当利益；

（十一）其他侵犯未成年人身心健康、财产权益或者不依法履行未成年人保护义务的行为。

第十八条 【监护人安全保障义务】未成年人的父母或者其他监护人应当为未成年人提供安全的家庭生活环境，及时排除引发触电、烫伤、跌落等伤害的安全隐患；采取配备儿童安全座椅、教育未成年人遵守交通规则等措施，防止未成年人受到交通事故的伤害；提高户外安全保护意识，避免未成年人发生溺水、动物伤害等事故。

第十九条 【尊重未成年人意见】未成年人的父母或者其他监护人应当根据未成年人的年龄和智力发展状况，在作出与未成年人权益有关的决定前，听取未成年人的意见，充分考虑其真实意愿。

第二十条 【监护人报告义务】未成年人的父母或者其他监护人发现未成年人身心健康受到侵害、疑似受到侵害或者其他合法权益受到侵犯的，应当及时了解情况并采取保护措施；情况严重的，应当立即向公安、民政、教育等部门报告。

第二十一条 【临时照护】未成年人的父母或者其他监护人不得使未满八周岁或者由于身体、心理原因需要特别照顾的未成年人处于无人看护状态，或者将其交由无民事行为能力、限制民事行为能力、患有严重传染性疾病或者其他不适宜的人员临时照护。

未成年人的父母或者其他监护人不得使未满十六周岁的未成年人脱离监护单独生活。

第二十二条 【长期照护的条件】未成年人的父母或者其他监护人因外出务工等原因在一定期限内不能完全履行监护职责的，应当委托具有照护能力的完全民事行为能力人代为照护；无正当理由的，不得委托他人代为照护。

未成年人的父母或者其他监护人在确定被委托人时，应当综合考虑其道德品质、家庭状况、身心健康状况、与未成年人生活情感上的联系等情况，并听取有表达意愿能力未成年人的意见。

具有下列情形之一的,不得作为被委托人:
(一)曾实施性侵害、虐待、遗弃、拐卖、暴力伤害等违法犯罪行为;
(二)有吸毒、酗酒、赌博等恶习;
(三)曾拒不履行或者长期怠于履行监护、照护职责;
(四)其他不适宜担任被委托人的情形。

第二十三条 【委托长期照护时监护人的义务】未成年人的父母或者其他监护人应当及时将委托照护情况书面告知未成年人所在学校、幼儿园和实际居住地的居民委员会、村民委员会,加强和未成年人所在学校、幼儿园的沟通;与未成年人、被委托人至少每周联系和交流一次,了解未成年人的生活、学习、心理等情况,并给予未成年人亲情关爱。

未成年人的父母或者其他监护人接到被委托人、居民委员会、村民委员会、学校、幼儿园等关于未成年人心理、行为异常的通知后,应当及时采取干预措施。

第二十四条 【离婚父母对未成年子女的义务】未成年人的父母离婚时,应当妥善处理未成年子女的抚养、教育、探望、财产等事宜,听取有表达意愿能力未成年人的意见。不得以抢夺、藏匿未成年子女等方式争夺抚养权。

未成年人的父母离婚后,不直接抚养未成年子女的一方应当依照协议、人民法院判决或者调解确定的时间和方式,在不影响未成年人学习、生活的情况下探望未成年子女,直接抚养的一方应当配合,但被人民法院依法中止探望权的除外。

第三章 学校保护

第二十五条 【全面贯彻国家教育方针政策】学校应当全面贯彻国家教育方针,坚持立德树人,实施素质教育,提高教育质量,注重培养未成年学生认知能力、合作能力、创新能力和实践能力,促进未成年学生全面发展。

学校应当建立未成年学生保护工作制度,健全学生行为规范,培养未成年学生遵纪守法的良好行为习惯。

第二十六条 【幼儿园教育、保育职责】幼儿园应当做好保育、教育工作,遵循幼儿身心发展规律,实施启蒙教育,促进幼儿在体质、智力、品德等方面和谐发展。

第二十七条 【尊重人格尊严】学校、幼儿园的教职员工应当尊重未成年人人格尊严,不得对未成年人实施体罚、变相体罚或者其他侮辱人格尊严的行为。

第二十八条 【保障未成年学生受教育的权利】学校应当保障未成年学生受教育的权利,不得违反国家规定开除、变相开除未成年学生。

学校应当对尚未完成义务教育的辍学未成年学生进行登记并劝返复学;劝返无效的,应当及时向教育行政部门书面报告。

第二十九条 【关爱帮扶并不得歧视未成年学生】学校应当关心、爱护未成年学生,不得因家庭、身体、心理、学习能力等情况歧视学生。对家庭困难、身心有障碍的学生,应当提供关爱;对行为异常、学习有困难的学生,应当耐心帮助。

学校应当配合政府有关部门建立留守未成年学生、困境未成年学生的信息档案,开展关爱帮扶工作。

第三十条 【社会生活指导、心理健康辅导、青春期教育、生命教育】学校应当根据未成年学生身心发展特点,进行社会生活指导、心理健康辅导、青春期教育和生命教育。

第三十一条 【加强劳动教育】学校应当组织未成年学生参加与其年龄相适应的日常生活劳动、生产劳动和服务性劳动,帮助未成年学生掌握必要的劳动知识和技能,养成良好的劳动习惯。

第三十二条 【开展勤俭节约教育活动】学校、幼儿园应当开展勤俭节约、反对浪费、珍惜粮食、文明饮食等宣传教育活动,帮助未成年人树立浪费可耻、节约为荣的意识,养成文明健康、绿色环保的生活习惯。

第三十三条 【保障未成年学生的休息权】学校应当与未成年学生的父母或者其他监护人互相配合,合理安排未成年学生的学习时间,保障其休息、娱乐和体育锻炼的时间。

学校不得占用国家法定节假日、休息日及寒暑假期,组织义务教育阶段的未成年学生集体补课,加重其学习负担。

幼儿园、校外培训机构不得对学龄前未成年人进行小学课程教育。

第三十四条 【学校、幼儿园的卫生保健职责】学校、幼儿园应当提供必要的卫生保健条件,协助卫生健康部门做好在校、在园未成年人的卫生保健工作。

第三十五条 【学校、幼儿园应当保障未成年人安全】学校、幼儿园应当建立安全管理制度,对未成年人进行安全教育,完善安保设施、配备安保人员,保障未成年人在校、在园期间的人身和财产安全。

学校、幼儿园不得在危及未成年人人身安全、身心健康的校舍和其他设施、场所中进行教育教学活动。

学校、幼儿园安排未成年人参加文化娱乐、社会实践等集体活动,应当保护未成年人的身心健康,防止发生人身伤害事故。

第三十六条 【校车安全管理制度】使用校车的学校、幼儿园应当建立健全校车安全管理制度,配备安全管理人员,定期对校车进行安全检查,对校车驾驶人进行安全教育,并向未成年人讲解校车安全乘坐知识,培养未成年人校车安全事故应急处理技能。

第三十七条 【突发事件处置】学校、幼儿园应当根据需要,制定应对自然灾害、事故灾难、公共卫生事件等突发事件和意外伤害的预案,配备相应设施并定期进行必要的演练。

未成年人在校内、园内或者本校、本园组织的校外、园外活动中发生人身伤害事故的,学校、幼儿园应当立即救护,妥善处理,及时通知未成年人的父母或者其他监护人,并向有关部门报告。

第三十八条 【禁止商业行为】学校、幼儿园不得安排未成年人参加商业性活动,不得向未成年人及其父母或者其他监护人推销或者要求其购买指定的商品和服务。

学校、幼儿园不得与校外培训机构合作为未成年人提供有偿课程辅导。

第三十九条 【防治学生欺凌】学校应当建立学生欺凌防控工作制度,对教职员工、学生等开展防治学生欺凌的教育和培训。

学校对学生欺凌行为应当立即制止,通知实施欺凌和被欺凌未成年学生的父母或者其他监护人参与欺凌行为的认定和处理;对相关未成年学生及时给予心理辅导、教育和引导;对相关未成年学生的父母或者其他监护人给予必要的家庭教育指导。

对实施欺凌的未成年学生,学校应当根据欺凌行为的性质和程度,依法加强管教。对严重的欺凌行为,学校不得隐瞒,应当及时向公安机关、教育行政部门报告,并配合相关部门依法处理。

第四十条 【预防性侵害、性骚扰】学校、幼儿园应当建立预防性侵害、性骚扰未成年人工作制度。对性侵害、性骚扰未成年人等违法犯罪行为,学校、幼儿园不得隐瞒,应当及时向公安机关、教育行政部门报告,并配合相关部门依法处理。

学校、幼儿园应当对未成年人开展适合其年龄的性教育,提高未成年人防范性侵害、性骚扰的自我保护意识和能力。对遭受性侵害、性骚扰的未成年人,学校、幼儿园应当及时采取相关的保护措施。

第四十一条 【相关机构参照适用学校保护】婴幼儿照护服务机构、早期教育服务机构、校外培训机构、校外托管机构等应当参照本章有关规定,根据不同年龄阶段未成年人的成长特点和规律,做好未成年人保护工作。

第四章 社 会 保 护

第四十二条 【社会保护的基本内容】全社会应当树立关心、爱护未成年人的良好风尚。

国家鼓励、支持和引导人民团体、企业事业单位、社会组织以及其他组织和个人,开展有利于未成年人健康成长的社会活动和服务。

第四十三条 【居民委员会、村民委员会工作职责】居民委员会、村民委员会应当设置专人专岗负责未成年人保护工作,协助政府有关部门宣传未成年人保护方面的法律法规,指导、帮助和监督未成年人的父母或者其他监护人依法履行监护职责,建立留守未成年人、困境未成年人的信息档案并给予关爱帮扶。

居民委员会、村民委员会应当协助政府有关部门监督未成年人委托照护情况,发现被委托人缺乏照护能力、怠于履行照护职责等情况,应当及时向政府有关部门报告,并告知未成年人的父母或者其他监护人,帮助、督促被委托人履行照护职责。

第四十四条 【社会对未成年人提供福利待遇】爱国主义教育基地、图书馆、青少年宫、儿童活动中心、儿童之家应当对未成年人免费开放；博物馆、纪念馆、科技馆、展览馆、美术馆、文化馆、社区公益性互联网上网服务场所以及影剧院、体育场馆、动物园、植物园、公园等场所，应当按照有关规定对未成年人免费或者优惠开放。

国家鼓励爱国主义教育基地、博物馆、科技馆、美术馆等公共场馆开设未成年人专场，为未成年人提供有针对性的服务。

国家鼓励国家机关、企业事业单位、部队等开发自身教育资源，设立未成年人开放日，为未成年人主题教育、社会实践、职业体验等提供支持。

国家鼓励科研机构和科技类社会组织对未成年人开展科学普及活动。

第四十五条　【免费或者优惠乘坐交通工具】城市公共交通以及公路、铁路、水路、航空客运等应当按照有关规定对未成年人实施免费或者优惠票价。

第四十六条　【母婴设施配备】国家鼓励大型公共场所、公共交通工具、旅游景区景点等设置母婴室、婴儿护理台以及方便幼儿使用的坐便器、洗手台等卫生设施，为未成年人提供便利。

第四十七条　【不得限制应有照顾或者优惠】任何组织或者个人不得违反有关规定，限制未成年人应当享有的照顾或者优惠。

第四十八条　【鼓励有利于未成年人的创作】国家鼓励创作、出版、制作和传播有利于未成年人健康成长的图书、报刊、电影、广播电视节目、舞台艺术作品、音像制品、电子出版物和网络信息等。

第四十九条　【新闻媒体的未成年人保护责任】新闻媒体应当加强未成年人保护方面的宣传，对侵犯未成年人合法权益的行为进行舆论监督。新闻媒体采访报道涉及未成年人事件应当客观、审慎和适度，不得侵犯未成年人的名誉、隐私和其他合法权益。

第五十条　【禁止危害未成年人身心健康内容】禁止制作、复制、出版、发布、传播含有宣扬淫秽、色情、暴力、邪教、迷信、赌博、引诱自杀、恐怖主义、分裂主义、极端主义等危害未成年人身心健康内容的图书、报刊、电影、广播电视节目、舞台艺术作品、音像制品、电子出版物和网络信息等。

第五十一条　【可能影响未成年人身心健康内容的管理】任何组织或者个人出版、发布、传播的图书、报刊、电影、广播电视节目、舞台艺术作品、音像制品、电子出版物或者网络信息,包含可能影响未成年人身心健康内容的,应当以显著方式作出提示。

第五十二条 【禁止儿童色情制品】禁止制作、复制、发布、传播或者持有有关未成年人的淫秽色情物品和网络信息。

第五十三条 【与未成年人有关的广告管理】任何组织或者个人不得刊登、播放、张贴或者散发含有危害未成年人身心健康内容的广告;不得在学校、幼儿园播放、张贴或者散发商业广告;不得利用校服、教材等发布或者变相发布商业广告。

第五十四条 【禁止严重侵犯未成年人权益的行为】禁止拐卖、绑架、虐待、非法收养未成年人,禁止对未成年人实施性侵害、性骚扰。

禁止胁迫、引诱、教唆未成年人参加黑社会性质组织或者从事违法犯罪活动。

禁止胁迫、诱骗、利用未成年人乞讨。

第五十五条 【生产、销售用于未成年人产品的要求】生产、销售用于未成年人的食品、药品、玩具、用具和游戏游艺设备、游乐设施等,应当符合国家或者行业标准,不得危害未成年人的人身安全和身心健康。上述产品的生产者应当在显著位置标明注意事项,未标明注意事项的不得销售。

第五十六条 【公共场所的安全保障义务】未成年人集中活动的公共场所应当符合国家或者行业安全标准,并采取相应安全保护措施。对可能存在安全风险的设施,应当定期进行维护,在显著位置设置安全警示标志并标明适龄范围和注意事项;必要时应当安排专门人员看管。

大型的商场、超市、医院、图书馆、博物馆、科技馆、游乐场、车站、码头、机场、旅游景区景点等场所运营单位应当设置搜寻走失未成年人的安全警报系统。场所运营单位接到求助后,应当立即启动安全警报系统,组织人员进行搜寻并向公安机关报告。

公共场所发生突发事件时,应当优先救护未成年人。

第五十七条 【住宿经营者的安全保护义务】旅馆、宾馆、酒店等住宿经营者接待未成年人入住,或者接待未成年人和成年人共同入住时,应当询问父母或者其他监护人的联系方式、入住人员的身份关系等有关情况;发现有违法犯罪嫌疑的,应当立即向公安机关报告,并及时联系未成年人的父母或者其他监护人。

第五十八条 【不适宜未成年人活动场所在设置和服务的限制】学校、幼儿园周边不得设置营业性娱乐场所、酒吧、互联网上网服务营业场所等不适宜未成年人活动的场所。营业性歌舞娱乐场所、酒吧、互联网上网服务营业场所等不适宜未成年人活动场所的经营者,不得允许未成年人进入;游艺娱乐场所设置的电子游戏设备,除国家法定节假日外,不得向未成年人提供。经营者应当在显著位置设置未成年人禁入、限入标志;对难以判明是否是未成年人的,应当要求其出示身份证件。

第五十九条 【禁止向未成年人销售烟、酒、彩票】学校、幼儿园周边不得设置烟、酒、彩票销售网点。禁止向未成年人销售烟、酒、彩票或者兑付彩票奖金。烟、酒和彩票经营者应当在显著位置设置不向未成年人销售烟、酒或者彩票的标志;对难以判明是否是未成年人的,应当要求其出示身份证件。

任何人不得在学校、幼儿园和其他未成年人集中活动的公共场所吸烟、饮酒。

第六十条 【禁止向未成年人提供、销售危险物品】禁止向未成年人提供、销售管制刀具或者其他可能致人严重伤害的器具等物品。经营者难以判明购买者是否是未成年人的,应当要求其出示身份证件。

第六十一条 【未成年人劳动保护】任何组织或者个人不得招用未满十六周岁未成年人,国家另有规定的除外。

营业性娱乐场所、酒吧、互联网上网服务营业场所等不适宜未成年人活动的场所不得招用已满十六周岁的未成年人。

招用已满十六周岁未成年人的单位和个人应当执行国家在工种、劳动时间、劳动强度和保护措施等方面的规定,不得安排其从事过重、有毒、有害等危害未成年人身心健康的劳动或者危险作业。

任何组织或者个人不得组织未成年人进行危害其身心健康的表演等活动。经未成年人的父母或者其他监护人同意,未成年人参与演出、节目制作等活动,活动组织方应当根据国家有关规定,保障未成年人合法权益。

第六十二条 【从业查询制度】密切接触未成年人的单位招聘工作人员时,应当向公安机关、人民检察院查询应聘者是否具有性侵害、虐待、拐卖、暴力伤害等违法犯罪记录;发现其具有前述行为记录的,不得录用。

密切接触未成年人的单位应当每年定期对工作人员是否具有上述违法犯罪记录进行查询。通过查询或者其他方式发现其工作人员具有上述行为的,应当及时解聘。

第六十三条 【保护未成年人通信自由和通信秘密】任何组织或者个人不得隐匿、毁弃、非法删除未成年人的信件、日记、电子邮件或者其他网络通讯内容。

除下列情形外,任何组织或者个人不得开拆、查阅未成年人的信件、日记、电子邮件或者其他网络通讯内容:

(一)无民事行为能力未成年人的父母或者其他监护人代未成年人开拆、查阅;

(二)因国家安全或者追查刑事犯罪依法进行检查;

(三)紧急情况下为了保护未成年人本人的人身安全。

第五章 网络保护

第六十四条 【网络素养】国家、社会、学校和家庭应当加强未成年人网络素养宣传教育,培养和提高未成年人的网络素养,增强未成年人科学、文明、安全、合理使用网络的意识和能力,保障未成年人在网络空间的合法权益。

第六十五条 【健康网络内容创作与传播】国家鼓励和支持有利于未成年人健康成长的网络内容的创作与传播,鼓励和支持专门以未成年人为服务对象、适合未成年人身心健康特点的网络技术、产品、服务的研发、生产和使用。

第六十六条 【监督检查和惩处非法活动】网信部门及其他有关部门应当加强对未成年人网络保护工作的监督检查,依法惩处利用网络从事危害未成年人身心健康的活动,为未成年人提供安全、健康的网络环境。

第六十七条 【可能影响未成年人身心健康的网络信息】网信部门会同公安、文化和旅游、新闻出版、电影、广播电视等部门根据保护不同年龄阶段未成年人的需要,确定可能影响未成年人身心健康网络信息的种类、范围和判断标准。

第六十八条 【沉迷网络的预防和干预】新闻出版、教育、卫生健康、文化和旅游、网信等部门应当定期开展预防未成年人沉迷网络的宣传教育，监督网络产品和服务提供者履行预防未成年人沉迷网络的义务，指导家庭、学校、社会组织互相配合，采取科学、合理的方式对未成年人沉迷网络进行预防和干预。

任何组织或者个人不得以侵害未成年人身心健康的方式对未成年人沉迷网络进行干预。

第六十九条 【未成年人网络保护软件】学校、社区、图书馆、文化馆、青少年宫等场所为未成年人提供的互联网上网服务设施，应当安装未成年人网络保护软件或者采取其他安全保护技术措施。

智能终端产品的制造者、销售者应当在产品上安装未成年人网络保护软件，或者以显著方式告知用户未成年人网络保护软件的安装渠道和方法。

第七十条 【学校对沉迷网络的预防和处理】学校应当合理使用网络开展教学活动。未经学校允许，未成年学生不得将手机等智能终端产品带入课堂，带入学校的应当统一管理。

学校发现未成年学生沉迷网络的，应当及时告知其父母或者其他监护人，共同对未成年学生进行教育和引导，帮助其恢复正常的学习生活。

第七十一条 【监护人对未成年人的网络保护义务】未成年人的父母或者其他监护人应当提高网络素养，规范自身使用网络的行为，加强对未成年人使用网络行为的引导和监督。

未成年人的父母或者其他监护人应当通过在智能终端产品上安装未成年人网络保护软件、选择适合未成年人的服务模式和管理功能等方式，避免未成年人接触危害或者可能影响其身心健康的网络信息，合理安排未成年人使用网络的时间，有效预防未成年人沉迷网络。

第七十二条 【未成年人个人信息处理以及更正权、删除权】信息处理者通过网络处理未成年人个人信息的，应当遵循合法、正当和必要的原则。处理不满十四周岁未成年人个人信息的，应当征得未成年人的父母或者其他监护人同意，但法律、行政法规另有规定的除外。

未成年人、父母或者其他监护人要求信息处理者更正、删除未成年人个人信息的,信息处理者应当及时采取措施予以更正、删除,但法律、行政法规另有规定的除外。

第七十三条 【私密信息的提示、保护义务】网络服务提供者发现未成年人通过网络发布私密信息的,应当及时提示,并采取必要的保护措施。

第七十四条 【预防未成年人沉迷网络的一般性规定】网络产品和服务提供者不得向未成年人提供诱导其沉迷的产品和服务。

网络游戏、网络直播、网络音视频、网络社交等网络服务提供者应当针对未成年人使用其服务设置相应的时间管理、权限管理、消费管理等功能。

以未成年人为服务对象的在线教育网络产品和服务,不得插入网络游戏链接,不得推送广告等与教学无关的信息。

第七十五条 【网络游戏服务提供者预防沉迷网络义务】网络游戏经依法审批后方可运营。

国家建立统一的未成年人网络游戏电子身份认证系统。网络游戏服务提供者应当要求未成年人以真实身份信息注册并登录网络游戏。

网络游戏服务提供者应当按照国家有关规定和标准,对游戏产品进行分类,作出适龄提示,并采取技术措施,不得让未成年人接触不适宜的游戏或者游戏功能。

网络游戏服务提供者不得在每日二十二时至次日八时向未成年人提供网络游戏服务。

第七十六条 【网络直播服务提供者的义务】网络直播服务提供者不得为未满十六周岁的未成年人提供网络直播发布者账号注册服务;为年满十六周岁的未成年人提供网络直播发布者账号注册服务时,应当对其身份信息进行认证,并征得其父母或者其他监护人同意。

第七十七条 【禁止实施网络欺凌】任何组织或者个人不得通过网络以文字、图片、音视频等形式,对未成年人实施侮辱、诽谤、威胁或者恶意损害形象等网络欺凌行为。

遭受网络欺凌的未成年人及其父母或者其他监护人有权通知网络服务提供者采取删除、屏蔽、断开链接等措施。网络服务提供者接到通知后,应当及时采取必要的措施制止网络欺凌行为,防止信息扩散。

第七十八条 【接受投诉、举报义务】网络产品和服务提供者应当建立便捷、合理、有效的投诉和举报渠道，公开投诉、举报方式等信息，及时受理并处理涉及未成年人的投诉、举报。

第七十九条 【社会公众投诉、举报权】任何组织或者个人发现网络产品、服务含有危害未成年人身心健康的信息，有权向网络产品和服务提供者或者网信、公安等部门投诉、举报。

第八十条 【对用户行为的安全管理义务】网络服务提供者发现用户发布、传播可能影响未成年人身心健康的信息且未作显著提示的，应当作出提示或者通知用户予以提示；未作出提示的，不得传输相关信息。

网络服务提供者发现用户发布、传播含有危害未成年人身心健康内容的信息的，应当立即停止传输相关信息，采取删除、屏蔽、断开链接等处置措施，保存有关记录，并向网信、公安等部门报告。

网络服务提供者发现用户利用其网络服务对未成年人实施违法犯罪行为的，应当立即停止向该用户提供网络服务，保存有关记录，并向公安机关报告。

第六章 政府保护

第八十一条 【未成年人政府保护工作落实主体】县级以上人民政府承担未成年人保护协调机制具体工作的职能部门应当明确相关内设机构或者专门人员，负责承担未成年人保护工作。

乡镇人民政府和街道办事处应当设立未成年人保护工作站或者指定专门人员，及时办理未成年人相关事务；支持、指导居民委员会、村民委员会设立专人专岗，做好未成年人保护工作。

第八十二条 【提供、鼓励、支持家庭教育指导服务】各级人民政府应当将家庭教育指导服务纳入城乡公共服务体系，开展家庭教育知识宣传，鼓励和支持有关人民团体、企业事业单位、社会组织开展家庭教育指导服务。

第八十三条 【政府保障未成年人受教育权利】各级人民政府应当保障未成年人受教育的权利，并采取措施保障留守未成年人、困境未成年人、残疾未成年人接受义务教育。

对尚未完成义务教育的辍学未成年学生，教育行政部门应当责令父母或者其他监护人将其送入学校接受义务教育。

第八十四条 【国家发展托育、学前教育事业】各级人民政府应当发展托育、学前教育事业,办好婴幼儿照护服务机构、幼儿园,支持社会力量依法兴办母婴室、婴幼儿照护服务机构、幼儿园。

县级以上地方人民政府及其有关部门应当培养和培训婴幼儿照护服务机构、幼儿园的保教人员,提高其职业道德素质和业务能力。

第八十五条 【职业教育及职业技能培训】各级人民政府应当发展职业教育,保障未成年人接受职业教育或者职业技能培训,鼓励和支持人民团体、企业事业单位、社会组织为未成年人提供职业技能培训服务。

第八十六条 【残疾未成年人接受教育权利】各级人民政府应当保障具有接受普通教育能力、能适应校园生活的残疾未成年人就近在普通学校、幼儿园接受教育;保障不具有接受普通教育能力的残疾未成年人在特殊教育学校、幼儿园接受学前教育、义务教育和职业教育。

各级人民政府应当保障特殊教育学校、幼儿园的办学、办园条件,鼓励和支持社会力量举办特殊教育学校、幼儿园。

第八十七条 【政府保障校园安全】地方人民政府及其有关部门应当保障校园安全,监督、指导学校、幼儿园等单位落实校园安全责任,建立突发事件的报告、处置和协调机制。

第八十八条 【政府保障校园周边环境安全】公安机关和其他有关部门应当依法维护校园周边的治安和交通秩序,设置监控设备和交通安全设施,预防和制止侵害未成年人的违法犯罪行为。

第八十九条 【未成年人活动场所建设和维护】地方人民政府应当建立和改善适合未成年人的活动场所和设施,支持公益性未成年人活动场所和设施的建设和运行,鼓励社会力量兴办适合未成年人的活动场所和设施,并加强管理。

地方人民政府应当采取措施,鼓励和支持学校在国家法定节假日、休息日及寒暑假期将文化体育设施对未成年人免费或者优惠开放。

地方人民政府应当采取措施,防止任何组织或者个人侵占、破坏学校、幼儿园、婴幼儿照护服务机构等未成年人活动场所的场地、房屋和设施。

第九十条 【卫生保健、传染病防治和心理健康】各级人民政府及其有关部门应当对未成年人进行卫生保健和营养指导,提供卫生保健服务。

卫生健康部门应当依法对未成年人的疫苗预防接种进行规范,防治未成年人常见病、多发病,加强传染病防治和监督管理,做好伤害预防和干预,指导和监督学校、幼儿园、婴幼儿照护服务机构开展卫生保健工作。

教育行政部门应当加强未成年人的心理健康教育,建立未成年人心理问题的早期发现及及时干预机制。卫生健康部门应当做好未成年人心理治疗、心理危机干预以及精神障碍早期识别和诊断治疗等工作。

第九十一条 【政府对困境未成年人实施分类保障】各级人民政府及其有关部门对困境未成年人实施分类保障,采取措施满足其生活、教育、安全、医疗康复、住房等方面的基本需要。

第九十二条 【临时监护的情形】具有下列情形之一的,民政部门应当依法对未成年人进行临时监护:

(一)未成年人流浪乞讨或者身份不明,暂时查找不到父母或者其他监护人;

(二)监护人下落不明且无其他人可以担任监护人;

(三)监护人因自身客观原因或者因发生自然灾害、事故灾难、公共卫生事件等突发事件不能履行监护职责,导致未成年人监护缺失;

(四)监护人拒绝或者怠于履行监护职责,导致未成年人处于无人照料的状态;

(五)监护人教唆、利用未成年人实施违法犯罪行为,未成年人需要被带离安置;

(六)未成年人遭受监护人严重伤害或者面临人身安全威胁,需要被紧急安置;

(七)法律规定的其他情形。

第九十三条 【临时监护方式】对临时监护的未成年人,民政部门可以采取委托亲属抚养、家庭寄养等方式进行安置,也可以交由未成年人救助保护机构或者儿童福利机构进行收留、抚养。

临时监护期间,经民政部门评估,监护人重新具备履行监护职责条件的,民政部门可以将未成年人送回监护人抚养。

第九十四条 【长期监护的法定情形】具有下列情形之一的,民政部门应当依法对未成年人进行长期监护：

（一）查找不到未成年人的父母或者其他监护人；

（二）监护人死亡或者被宣告死亡且无其他人可以担任监护人；

（三）监护人丧失监护能力且无其他人可以担任监护人；

（四）人民法院判决撤销监护人资格并指定由民政部门担任监护人；

（五）法律规定的其他情形。

第九十五条 【民政部门长期监护未成年人的收养】民政部门进行收养评估后，可以依法将其长期监护的未成年人交由符合条件的申请人收养。收养关系成立后，民政部门与未成年人的监护关系终止。

第九十六条 【其他政府职能部门的配合义务和国家监护机构建设】民政部门承担临时监护或者长期监护职责的，财政、教育、卫生健康、公安等部门应当根据各自职责予以配合。

县级以上人民政府及其民政部门应当根据需要设立未成年人救助保护机构、儿童福利机构，负责收留、抚养由民政部门监护的未成年人。

第九十七条 【建设未成年人保护热线、未成年人保护平台】县级以上人民政府应当开通全国统一的未成年人保护热线，及时受理、转介侵犯未成年人合法权益的投诉、举报；鼓励和支持人民团体、企业事业单位、社会组织参与建设未成年人保护服务平台、服务热线、服务站点，提供未成年人保护方面的咨询、帮助。

第九十八条 【建立违法犯罪人员信息查询系统】国家建立性侵害、虐待、拐卖、暴力伤害等违法犯罪人员信息查询系统，向密切接触未成年人的单位提供免费查询服务。

第九十九条 【培育、引导和规范社会力量】地方人民政府应当培育、引导和规范有关社会组织、社会工作者参与未成年人保护工作，开展家庭教育指导服务，为未成年人的心理辅导、康复救助、监护及收养评估等提供专业服务。

第七章 司法保护

第一百条 【司法保护的总体要求】公安机关、人民检察院、人民法院和司法行政部门应当依法履行职责，保障未成年人合法权益。

第一百零一条　【办理案件的专门机构和专门人员】公安机关、人民检察院、人民法院和司法行政部门应当确定专门机构或者指定专门人员，负责办理涉及未成年人案件。办理涉及未成年人案件的人员应当经过专门培训，熟悉未成年人身心特点。专门机构或者专门人员中，应当有女性工作人员。

公安机关、人民检察院、人民法院和司法行政部门应当对上述机构和人员实行与未成年人保护工作相适应的评价考核标准。

第一百零二条　【办理案件的语言、表达方式等】公安机关、人民检察院、人民法院和司法行政部门办理涉及未成年人案件，应当考虑未成年人身心特点和健康成长的需要，使用未成年人能够理解的语言和表达方式，听取未成年人的意见。

第一百零三条　【未成年人隐私和个人信息保护】公安机关、人民检察院、人民法院、司法行政部门以及其他组织和个人不得披露有关案件中未成年人的姓名、影像、住所、就读学校以及其他可能识别出其身份的信息，但查找失踪、被拐卖未成年人等情形除外。

第一百零四条　【未成年人法律援助或者司法救助】对需要法律援助或者司法救助的未成年人，法律援助机构或者公安机关、人民检察院、人民法院和司法行政部门应当给予帮助，依法为其提供法律援助或者司法救助。

法律援助机构应当指派熟悉未成年人身心特点的律师为未成年人提供法律援助服务。

法律援助机构和律师协会应当对办理未成年人法律援助案件的律师进行指导和培训。

第一百零五条　【检察监督】人民检察院通过行使检察权，对涉及未成年人的诉讼活动等依法进行监督。

第一百零六条　【公益诉讼】未成年人合法权益受到侵犯，相关组织和个人未代为提起诉讼的，人民检察院可以督促、支持其提起诉讼；涉及公共利益的，人民检察院有权提起公益诉讼。

第一百零七条　【审理继承、离婚案件时未成年人保护】人民法院审理继承案件，应当依法保护未成年人的继承权和受遗赠权。

人民法院审理离婚案件,涉及未成年子女抚养问题的,应当尊重已满八周岁未成年子女的真实意愿,根据双方具体情况,按照最有利于未成年子女的原则依法处理。

第一百零八条 【人身安全保护令、撤销监护人资格】未成年人的父母或者其他监护人不依法履行监护职责或者严重侵犯被监护的未成年人合法权益的,人民法院可以根据有关人员或者单位的申请,依法作出人身安全保护令或者撤销监护人资格。

被撤销监护人资格的父母或者其他监护人应当依法继续负担抚养费用。

第一百零九条 【社会调查】人民法院审理离婚、抚养、收养、监护、探望等案件涉及未成年人的,可以自行或者委托社会组织对未成年人的相关情况进行社会调查。

第一百一十条 【法定代理人、合适成年人到场】公安机关、人民检察院、人民法院讯问未成年犯罪嫌疑人、被告人,询问未成年被害人、证人,应当依法通知其法定代理人或者其成年亲属、所在学校的代表等合适成年人到场,并采取适当方式,在适当场所进行,保障未成年人的名誉权、隐私权和其他合法权益。

人民法院开庭审理涉及未成年人案件,未成年被害人、证人一般不出庭作证;必须出庭的,应当采取保护其隐私的技术手段和心理干预等保护措施。

第一百一十一条 【特定未成年被害人的司法保护】公安机关、人民检察院、人民法院应当与其他有关政府部门、人民团体、社会组织互相配合,对遭受性侵害或者暴力伤害的未成年被害人及其家庭实施必要的心理干预、经济救助、法律援助、转学安置等保护措施。

第一百一十二条 【同步录音录像等保护措施】公安机关、人民检察院、人民法院办理未成年人遭受性侵害或者暴力伤害案件,在询问未成年被害人、证人时,应当采取同步录音录像等措施,尽量一次完成;未成年被害人、证人是女性的,应当由女性工作人员进行。

第一百一十三条 【违法犯罪未成年人的保护方针】对违法犯罪的未成年人,实行教育、感化、挽救的方针,坚持教育为主、惩罚为辅的原则。

对违法犯罪的未成年人依法处罚后,在升学、就业等方面不得歧视。

第一百一十四条 【对未尽保护职责单位的监督】公安机关、人民检察院、人民法院和司法行政部门发现有关单位未尽到未成年人教育、管理、救助、看护等保护职责的,应当向该单位提出建议。被建议单位应当在一个月内作出书面回复。

第一百一十五条 【法治宣传教育】公安机关、人民检察院、人民法院和司法行政部门应当结合实际,根据涉及未成年人案件的特点,开展未成年人法治宣传教育工作。

第一百一十六条 【鼓励和支持社会组织参与】国家鼓励和支持社会组织、社会工作者参与涉及未成年人案件中未成年人的心理干预、法律援助、社会调查、社会观护、教育矫治、社区矫正等工作。

第八章 法 律 责 任

第一百一十七条 【违反强制报告义务的法律责任】违反本法第十一条第二款规定,未履行报告义务造成严重后果的,由上级主管部门或者所在单位对直接负责的主管人员和其他直接责任人员依法给予处分。

第一百一十八条 【监护人的法律责任】未成年人的父母或者其他监护人不依法履行监护职责或者侵犯未成年人合法权益的,由其居住地的居民委员会、村民委员会予以劝诫、制止;情节严重的,居民委员会、村民委员会应当及时向公安机关报告。

公安机关接到报告或者公安机关、人民检察院、人民法院在办理案件过程中发现未成年人的父母或者其他监护人存在上述情形的,应当予以训诫,并可以责令其接受家庭教育指导。

第一百一十九条 【学校、幼儿园等机构及其教职员工的法律责任】学校、幼儿园、婴幼儿照护服务等机构及其教职员工违反本法第二十七条、第二十八条、第三十九条规定的,由公安、教育、卫生健康、市场监督管理等部门按照职责分工责令改正;拒不改正或者情节严重的,对直接负责的主管人员和其他直接责任人员依法给予处分。

第一百二十条 【未给予未成年人免费或者优惠待遇的法律责任】违反

本法第四十四条、第四十五条、第四十七条规定,未给予未成年人免费或者优惠待遇的,由市场监督管理、文化和旅游、交通运输等部门按照职责分工责令限期改正,给予警告;拒不改正的,处一万元以上十万元以下罚款。

第一百二十一条 【制作危害未成年人身心健康的出版物的法律责任】违反本法第五十条、第五十一条规定的,由新闻出版、广播电视、电影、网信等部门按照职责分工责令限期改正,给予警告,没收违法所得,可以并处十万元以下罚款;拒不改正或者情节严重的,责令暂停相关业务、停产停业或者吊销营业执照、吊销相关许可证,违法所得一百万元以上的,并处违法所得一倍以上十倍以下的罚款,没有违法所得或者违法所得不足一百万元的,并处十万元以上一百万元以下罚款。

第一百二十二条 【场所运营单位和住宿经营者的法律责任】场所运营单位违反本法第五十六条第二款规定、住宿经营者违反本法第五十七条规定的,由市场监督管理、应急管理、公安等部门按照职责分工责令限期改正,给予警告;拒不改正或者造成严重后果的,责令停业整顿或者吊销营业执照、吊销相关许可证,并处一万元以上十万元以下罚款。

第一百二十三条 【营业性娱乐场所等经营者的法律责任】相关经营者违反本法第五十八条、第五十九条第一款、第六十条规定的,由文化和旅游、市场监督管理、烟草专卖、公安等部门按照职责分工责令限期改正,给予警告,没收违法所得,可以并处五万元以下罚款;拒不改正或者情节严重的,责令停业整顿或者吊销营业执照、吊销相关许可证,可以并处五万元以上五十万元以下罚款。

第一百二十四条 【公共场所吸烟、饮酒的法律责任】违反本法第五十九条第二款规定,在学校、幼儿园和其他未成年人集中活动的公共场所吸烟、饮酒的,由卫生健康、教育、市场监督管理等部门按照职责分工责令改正,给予警告,可以并处五百元以下罚款;场所管理者未及时制止的,由卫生健康、教育、市场监督管理等部门按照职责分工给予警告,并处一万元以下罚款。

第一百二十五条 【违反未成年人劳动保护的法律责任】违反本法第六十一条规定的,由文化和旅游、人力资源和社会保障、市场监督管理等部门按照职责分工责令限期改正,给予警告,没收违法所得,可以并处十万元以下罚款;拒不改正或者情节严重的,责令停产停业或者吊销营业执照、吊销相关许可证,并处十万元以上一百万元以下罚款。

第一百二十六条 【密切接触未成年人的单位的法律责任】密切接触未成年人的单位违反本法第六十二条规定,未履行查询义务,或者招用、继续聘用具有相关违法犯罪记录人员的,由教育、人力资源和社会保障、市场监督管理等部门按照职责分工责令限期改正,给予警告,并处五万元以下罚款;拒不改正或者造成严重后果的,责令停业整顿或者吊销营业执照、吊销相关许可证,并处五万元以上五十万元以下罚款,对直接负责的主管人员和其他直接责任人员依法给予处分。

第一百二十七条 【信息处理者及网络产品和服务提供者的法律责任】信息处理者违反本法第七十二条规定,或者网络产品和服务提供者违反本法第七十三条、第七十四条、第七十五条、第七十六条、第七十七条、第八十条规定的,由公安、网信、电信、新闻出版、广播电视、文化和旅游等有关部门按照职责分工责令改正,给予警告,没收违法所得,违法所得一百万元以上的,并处违法所得一倍以上十倍以下罚款,没有违法所得或者违法所得不足一百万元的,并处十万元以上一百万元以下罚款,对直接负责的主管人员和其他责任人员处一万元以上十万元以下罚款;拒不改正或者情节严重的,并可以责令暂停相关业务、停业整顿、关闭网站、吊销营业执照或者吊销相关许可证。

第一百二十八条 【国家机关工作人员渎职的法律责任】国家机关工作人员玩忽职守、滥用职权、徇私舞弊,损害未成年人合法权益的,依法给予处分。

第一百二十九条 【其他法律责任】违反本法规定,侵犯未成年人合法权益,造成人身、财产或者其他损害的,依法承担民事责任。

违反本法规定,构成违反治安管理行为的,依法给予治安管理处罚;构成犯罪的,依法追究刑事责任。

第九章 附　　则

第一百三十条 【用语含义】本法中下列用语的含义:

(一)密切接触未成年人的单位,是指学校、幼儿园等教育机构;校外培训机构;未成年人救助保护机构、儿童福利机构等未成年人安置、救助机构;婴幼儿照护服务机构、早期教育服务机构;校外托管、临时看护机构;家政服务机构;为未成年人提供医疗服务的医疗机构;其他对未成年人负有教育、培训、监护、救助、看护、医疗等职责的企业事业单位、社会组织等。

(二)学校,是指普通中小学、特殊教育学校、中等职业学校、专门学校。

(三)学生欺凌,是指发生在学生之间,一方蓄意或者恶意通过肢体、语言及网络等手段实施欺压、侮辱,造成另一方人身伤害、财产损失或者精神损害的行为。

第一百三十一条 【外国人、无国籍未成年人的保护】对中国境内未满十八周岁的外国人、无国籍人,依照本法有关规定予以保护。

第一百三十二条 【施行日期】本法自2021年6月1日起施行。

中华人民共和国预防未成年人犯罪法

(1999年6月28日第九届全国人民代表大会常务委员会第十次会议通过 根据2012年10月26日第十一届全国人民代表大会常务委员会第二十九次会议《关于修改〈中华人民共和国预防未成年人犯罪法〉的决定》修正 2020年12月26日第十三届全国人民代表大会常务委员会第二十四次会议修订 自2021年6月1日起施行)

第一章 总 则

第一条 【立法目的】为了保障未成年人身心健康,培养未成年人良好品行,有效预防未成年人违法犯罪,制定本法。

第二条 【预防原则】预防未成年人犯罪,立足于教育和保护未成年人相结合,坚持预防为主、提前干预,对未成年人的不良行为和严重不良行为及时进行分级预防、干预和矫治。

第三条 【未成年人合法权益的保护】开展预防未成年人犯罪工作,应当尊重未成年人人格尊严,保护未成年人的名誉权、隐私权和个人信息等合法权益。

第四条 【综合治理】预防未成年人犯罪,在各级人民政府组织下,实行综合治理。

国家机关、人民团体、社会组织、企业事业单位、居民委员会、村民委员会、学校、家庭等各负其责、相互配合,共同做好预防未成年人犯罪工作,及时消除滋生未成年人违法犯罪行为的各种消极因素,为未成年人身心健康发展创造良好的社会环境。

第五条 【各级政府职责】各级人民政府在预防未成年人犯罪方面的工作职责是:

(一)制定预防未成年人犯罪工作规划;

(二)组织公安、教育、民政、文化和旅游、市场监督管理、网信、卫生健康、新闻出版、电影、广播电视、司法行政等有关部门开展预防未成年人犯罪工作;

(三)为预防未成年人犯罪工作提供政策支持和经费保障;

(四)对本法的实施情况和工作规划的执行情况进行检查;

(五)组织开展预防未成年人犯罪宣传教育;

(六)其他预防未成年人犯罪工作职责。

第六条 【专门教育】国家加强专门学校建设,对有严重不良行为的未成年人进行专门教育。专门教育是国民教育体系的组成部分,是对有严重不良行为的未成年人进行教育和矫治的重要保护处分措施。

省级人民政府应当将专门教育发展和专门学校建设纳入经济社会发展规划。县级以上地方人民政府成立专门教育指导委员会,根据需要合理设置专门学校。

专门教育指导委员会由教育、民政、财政、人力资源社会保障、公安、司法行政、人民检察院、人民法院、共产主义青年团、妇女联合会、关心下一代工作委员会、专门学校等单位,以及律师、社会工作者等人员组成,研究确定专门学校教学、管理等相关工作。

专门学校建设和专门教育具体办法,由国务院规定。

第七条 【专门机构或人员负责】公安机关、人民检察院、人民法院、司法行政部门应当由专门机构或者经过专业培训、熟悉未成年人身心特点的专门人员负责预防未成年人犯罪工作。

第八条 【培育社会力量】共产主义青年团、妇女联合会、工会、残疾人联合会、关心下一代工作委员会、青年联合会、学生联合会、少年先锋队以及有关社会组织,应当协助各级人民政府及其有关部门、人民检察院和人民法院做好预防未成年人犯罪工作,为预防未成年人犯罪培育社会力量,提供支持服务。

第九条 【社会组织参与】国家鼓励、支持和指导社会工作服务机构等社会组织参与预防未成年人犯罪相关工作,并加强监督。

第十条 【禁止教唆、胁迫、引诱】任何组织或者个人不得教唆、胁迫、引诱未成年人实施不良行为或者严重不良行为,以及为未成年人实施上述行为提供条件。

第十一条 【抵制不良行为的引诱侵害】未成年人应当遵守法律法规及社会公共道德规范,树立自尊、自律、自强意识,增强辨别是非和自我保护的能力,自觉抵制各种不良行为以及违法犯罪行为的引诱和侵害。

第十二条 【教育、关爱、矫治和对策研究】预防未成年人犯罪,应当结合未成年人不同年龄的生理、心理特点,加强青春期教育、心理关爱、心理矫治和预防犯罪对策的研究。

第十三条 【国际交流合作】国家鼓励和支持预防未成年人犯罪相关学科建设、专业设置、人才培养及科学研究,开展国际交流与合作。

第十四条 【表彰奖励】国家对预防未成年人犯罪工作有显著成绩的组织和个人,给予表彰和奖励。

第二章 预防犯罪的教育

第十五条 【预防犯罪教育】国家、社会、学校和家庭应当对未成年人加强社会主义核心价值观教育,开展预防犯罪教育,增强未成年人的法治观念,使未成年人树立遵纪守法和防范违法犯罪的意识,提高自我管控能力。

第十六条　【监护人责任】未成年人的父母或者其他监护人对未成年人的预防犯罪教育负有直接责任,应当依法履行监护职责,树立优良家风,培养未成年人良好品行;发现未成年人心理或者行为异常的,应当及时了解情况并进行教育、引导和劝诫,不得拒绝或者怠于履行监护职责。

第十七条　【学校教育】教育行政部门、学校应当将预防犯罪教育纳入学校教学计划,指导教职员工结合未成年人的特点,采取多种方式对未成年学生进行有针对性的预防犯罪教育。

第十八条　【法治教育人员的聘请】学校应当聘任从事法治教育的专职或者兼职教师,并可以从司法和执法机关、法学教育和法律服务机构等单位聘请法治副校长、校外法治辅导员。

第十九条　【心理健康教育】学校应当配备专职或者兼职的心理健康教育教师,开展心理健康教育。学校可以根据实际情况与专业心理健康机构合作,建立心理健康筛查和早期干预机制,预防和解决学生心理、行为异常问题。

学校应当与未成年学生的父母或者其他监护人加强沟通,共同做好未成年学生心理健康教育;发现未成年学生可能患有精神障碍的,应当立即告知其父母或者其他监护人送相关专业机构诊治。

第二十条　【学生欺凌防控制度】教育行政部门应当会同有关部门建立学生欺凌防控制度。学校应当加强日常安全管理,完善学生欺凌发现和处置的工作流程,严格排查并及时消除可能导致学生欺凌行为的各种隐患。

第二十一条　【聘请社会工作者协助教育】教育行政部门鼓励和支持学校聘请社会工作者长期或者定期进驻学校,协助开展道德教育、法治教育、生命教育和心理健康教育,参与预防和处理学生欺凌等行为。

第二十二条　【推广科学合理的教育方法】教育行政部门、学校应当通过举办讲座、座谈、培训等活动,介绍科学合理的教育方法,指导教职员工、未成年学生的父母或者其他监护人有效预防未成年人犯罪。

学校应当将预防犯罪教育计划告知未成年学生的父母或者其他监护人。未成年学生的父母或者其他监护人应当配合学校对未成年学生进行有针对性的预防犯罪教育。

第二十三条 【纳入学校年度考核】教育行政部门应当将预防犯罪教育的工作效果纳入学校年度考核内容。

第二十四条 【举办多种形式的宣教活动】各级人民政府及其有关部门、人民检察院、人民法院、共产主义青年团、少年先锋队、妇女联合会、残疾人联合会、关心下一代工作委员会等应当结合实际,组织、举办多种形式的预防未成年人犯罪宣传教育活动。有条件的地方可以建立青少年法治教育基地,对未成年人开展法治教育。

第二十五条 【基层组织法制宣传】居民委员会、村民委员会应当积极开展有针对性的预防未成年人犯罪宣传活动,协助公安机关维护学校周围治安,及时掌握本辖区内未成年人的监护、就学和就业情况,组织、引导社区社会组织参与预防未成年人犯罪工作。

第二十六条 【校外活动场所的宣传教育】青少年宫、儿童活动中心等校外活动场所应当把预防犯罪教育作为一项重要的工作内容,开展多种形式的宣传教育活动。

第二十七条 【职业培训】职业培训机构、用人单位在对已满十六周岁准备就业的未成年人进行职业培训时,应当将预防犯罪教育纳入培训内容。

第三章 对不良行为的干预

第二十八条 【不良行为】本法所称不良行为,是指未成年人实施的不利于其健康成长的下列行为:

(一)吸烟、饮酒;

(二)多次旷课、逃学;

(三)无故夜不归宿、离家出走;

(四)沉迷网络;

(五)与社会上具有不良习性的人交往,组织或者参加实施不良行为的团伙;

(六)进入法律法规规定未成年人不宜进入的场所;

(七)参与赌博、变相赌博,或者参加封建迷信、邪教等活动;

（八）阅览、观看或者收听宣扬淫秽、色情、暴力、恐怖、极端等内容的读物、音像制品或者网络信息等；

（九）其他不利于未成年人身心健康成长的不良行为。

第二十九条 【监护人义务】未成年人的父母或者其他监护人发现未成年人有不良行为的，应当及时制止并加强管教。

第三十条 【公安机关等部门义务】公安机关、居民委员会、村民委员会发现本辖区内未成年人有不良行为的，应当及时制止，并督促其父母或者其他监护人依法履行监护职责。

第三十一条 【学校的管理义务及措施】学校对有不良行为的未成年学生，应当加强管理教育，不得歧视；对拒不改正或者情节严重的，学校可以根据情况予以处分或者采取以下管理教育措施：

（一）予以训导；

（二）要求遵守特定的行为规范；

（三）要求参加特定的专题教育；

（四）要求参加校内服务活动；

（五）要求接受社会工作者或者其他专业人员的心理辅导和行为干预；

（六）其他适当的管理教育措施。

第三十二条 【家校合作机制】学校和家庭应当加强沟通，建立家校合作机制。学校决定对未成年学生采取管理教育措施的，应当及时告知其父母或者其他监护人；未成年学生的父母或者其他监护人应当支持、配合学校进行管理教育。

第三十三条 【对轻微不良行为的管教措施】未成年学生偷窃少量财物，或者有殴打、辱骂、恐吓、强行索要财物等学生欺凌行为，情节轻微的，可以由学校依照本法第三十一条规定采取相应的管理教育措施。

第三十四条 【对旷课逃学行为的处理】未成年学生旷课、逃学的，学校应当及时联系其父母或者其他监护人，了解有关情况；无正当理由的，学校和未成年学生的父母或者其他监护人应当督促其返校学习。

第三十五条 【监护人或学校对夜不归宿、离家出走行为的处理】未成年人无故夜不归宿、离家出走的，父母或者其他监护人、所在的寄宿制学校应当及时查找，必要时向公安机关报告。

收留夜不归宿、离家出走未成年人的,应当及时联系其父母或者其他监护人、所在学校;无法取得联系的,应当及时向公安机关报告。

第三十六条 【公安机关等对夜不归宿、离家出走的未成年人采取保护措施】对夜不归宿、离家出走或者流落街头的未成年人,公安机关、公共场所管理机构等发现或者接到报告后,应当及时采取有效保护措施,并通知其父母或者其他监护人、所在的寄宿制学校,必要时应当护送其返回住所、学校;无法与其父母或者其他监护人、学校取得联系的,应当护送未成年人到救助保护机构接受救助。

第三十七条 【对不良行为团伙的处置】未成年人的父母或者其他监护人、学校发现未成年人组织或者参加实施不良行为的团伙,应当及时制止;发现该团伙有违法犯罪嫌疑的,应当立即向公安机关报告。

第四章 对严重不良行为的矫治

第三十八条 【严重不良行为】本法所称严重不良行为,是指未成年人实施的有刑法规定、因不满法定刑事责任年龄不予刑事处罚的行为,以及严重危害社会的下列行为:

(一)结伙斗殴,追逐、拦截他人,强拿硬要或者任意损毁、占用公私财物等寻衅滋事行为;

(二)非法携带枪支、弹药或者弩、匕首等国家规定的管制器具;

(三)殴打、辱骂、恐吓,或者故意伤害他人身体;

(四)盗窃、哄抢、抢夺或者故意损毁公私财物;

(五)传播淫秽的读物、音像制品或者信息等;

(六)卖淫、嫖娼,或者进行淫秽表演;

(七)吸食、注射毒品,或者向他人提供毒品;

(八)参与赌博赌资较大;

(九)其他严重危害社会的行为。

第三十九条 【对犯罪引诱和人身安全威胁行为的处理】未成年人的父母或者其他监护人、学校、居民委员会、村民委员会发现有人教唆、胁迫、引诱未成年人实施严重不良行为的,应当立即向公安机关报告。公安机关接到报告或者发现有上述情形的,应当及时依法查处;对人身安全受到威胁的未成年人,应当立即采取有效保护措施。

第四十条 【公安机关对严重不良行为的制止】公安机关接到举报或者发现未成年人有严重不良行为的,应当及时制止,依法调查处理,并可以责令其父母或者其他监护人消除或者减轻违法后果,采取措施严加管教。

第四十一条 【矫治教育措施】对有严重不良行为的未成年人,公安机关可以根据具体情况,采取以下矫治教育措施:

(一)予以训诫;

(二)责令赔礼道歉、赔偿损失;

(三)责令具结悔过;

(四)责令定期报告活动情况;

(五)责令遵守特定的行为规范,不得实施特定行为、接触特定人员或者进入特定场所;

(六)责令接受心理辅导、行为矫治;

(七)责令参加社会服务活动;

(八)责令接受社会观护,由社会组织、有关机构在适当场所对未成年人进行教育、监督和管束;

(九)其他适当的矫治教育措施。

第四十二条 【配合义务】公安机关在对未成年人进行矫治教育时,可以根据需要邀请学校、居民委员会、村民委员会以及社会工作服务机构等社会组织参与。

未成年人的父母或者其他监护人应当积极配合矫治教育措施的实施,不得妨碍阻挠或者放任不管。

第四十三条 【对有严重不良行为的未成年人专门教育】对有严重不良行为的未成年人,未成年人的父母或者其他监护人、所在学校无力管教或者管教无效的,可以向教育行政部门提出申请,经专门教育指导委员会评估同意后,由教育行政部门决定送入专门学校接受专门教育。

第四十四条 【实施严重危害社会行为的未成年人专门教育】未成年人有下列情形之一的,经专门教育指导委员会评估同意,教育行政部门会同公安机关可以决定将其送入专门学校接受专门教育:

(一)实施严重危害社会的行为,情节恶劣或者造成严重后果;
(二)多次实施严重危害社会的行为;
(三)拒不接受或者配合本法第四十一条规定的矫治教育措施;
(四)法律、行政法规规定的其他情形。

第四十五条 【专门矫治教育】未成年人实施刑法规定的行为、因不满法定刑事责任年龄不予刑事处罚的,经专门教育指导委员会评估同意,教育行政部门会同公安机关可以决定对其进行专门矫治教育。

省级人民政府应当结合本地的实际情况,至少确定一所专门学校按照分校区、分班级等方式设置专门场所,对前款规定的未成年人进行专门矫治教育。

前款规定的专门场所实行闭环管理,公安机关、司法行政部门负责未成年人的矫治工作,教育行政部门承担未成年人的教育工作。

第四十六条 【对接受专门教育的学生评估】专门学校应当在每个学期适时提请专门教育指导委员会对接受专门教育的未成年学生的情况进行评估。对经评估适合转回普通学校就读的,专门教育指导委员会应当向原决定机关提出书面建议,由原决定机关决定是否将未成年学生转回普通学校就读。

原决定机关决定将未成年学生转回普通学校的,其原所在学校不得拒绝接收;因特殊情况,不适宜转回原所在学校的,由教育行政部门安排转学。

第四十七条 【分级分类进行教育和矫治】专门学校应当对接受专门教育的未成年人分级分类进行教育和矫治,有针对性地开展道德教育、法治教育、心理健康教育,并根据实际情况进行职业教育;对没有完成义务教育的未成年人,应当保证其继续接受义务教育。

专门学校的未成年学生的学籍保留在原学校,符合毕业条件的,原学校应当颁发毕业证书。

第四十八条 【矫治和教育情况的定期反馈】专门学校应当与接受专门教育的未成年人的父母或者其他监护人加强联系,定期向其反馈未成年人的矫治和教育情况,为父母或者其他监护人、亲属等看望未成年人提供便利。

第四十九条 【行政复议或者行政诉讼】未成年人及其父母或者其他监护人对本章规定的行政决定不服的,可以依法提起行政复议或者行政诉讼。

第五章　对重新犯罪的预防

第五十条　【有针对性地进行法治教育】公安机关、人民检察院、人民法院办理未成年人刑事案件,应当根据未成年人的生理、心理特点和犯罪的情况,有针对性地进行法治教育。

对涉及刑事案件的未成年人进行教育,其法定代理人以外的成年亲属或者教师、辅导员等参与有利于感化、挽救未成年人的,公安机关、人民检察院、人民法院应当邀请其参加有关活动。

第五十一条　【社会调查和心理测评】公安机关、人民检察院、人民法院办理未成年人刑事案件,可以自行或者委托有关社会组织、机构对未成年犯罪嫌疑人或者被告人的成长经历、犯罪原因、监护、教育等情况进行社会调查;根据实际需要并经未成年犯罪嫌疑人、被告人及其法定代理人同意,可以对未成年犯罪嫌疑人、被告人进行心理测评。

社会调查和心理测评的报告可以作为办理案件和教育未成年人的参考。

第五十二条　【取保候审】公安机关、人民检察院、人民法院对于无固定住所、无法提供保证人的未成年人适用取保候审的,应当指定合适成年人作为保证人,必要时可以安排取保候审的未成年人接受社会观护。

第五十三条　【分别关押、管理和教育】对被拘留、逮捕以及在未成年犯管教所执行刑罚的未成年人,应当与成年人分别关押、管理和教育。对未成年人的社区矫正,应当与成年人分别进行。

对有上述情形且没有完成义务教育的未成年人,公安机关、人民检察院、人民法院、司法行政部门应当与教育行政部门相互配合,保证其继续接受义务教育。

第五十四条　【法治教育与职业教育】未成年犯管教所、社区矫正机构应当对未成年犯、未成年社区矫正对象加强法治教育,并根据实际情况对其进行职业教育。

第五十五条　【安置帮教】社区矫正机构应当告知未成年社区矫正对象安置帮教的有关规定,并配合安置帮教工作部门落实或者解决未成年社区矫正对象的就学、就业等问题。

第五十六条 【对刑满释放未成年人的安置】对刑满释放的未成年人，未成年犯管教所应当提前通知其父母或者其他监护人按时接回，并协助落实安置帮教措施。没有父母或者其他监护人、无法查明其父母或者其他监护人的，未成年犯管教所应当提前通知未成年人原户籍所在地或者居住地的司法行政部门安排人员按时接回，由民政部门或者居民委员会、村民委员会依法对其进行监护。

第五十七条 【采取有效的帮教措施】未成年人的父母或者其他监护人和学校、居民委员会、村民委员会对接受社区矫正、刑满释放的未成年人，应当采取有效的帮教措施，协助司法机关以及有关部门做好安置帮教工作。

居民委员会、村民委员会可以聘请思想品德优秀，作风正派，热心未成年人工作的离退休人员、志愿者或其他人员协助做好前款规定的安置帮教工作。

第五十八条 【禁止歧视】刑满释放和接受社区矫正的未成年人，在复学、升学、就业等方面依法享有与其他未成年人同等的权利，任何单位和个人不得歧视。

第五十九条 【犯罪记录信息的保密】未成年人的犯罪记录依法被封存的，公安机关、人民检察院、人民法院和司法行政部门不得向任何单位或者个人提供，但司法机关因办案需要或者有关单位根据国家有关规定进行查询的除外。依法进行查询的单位和个人应当对相关记录信息予以保密。

未成年人接受专门矫治教育、专门教育的记录，以及被行政处罚、采取刑事强制措施和不起诉的记录，适用前款规定。

第六十条 【检察院监督】人民检察院通过依法行使检察权，对未成年人重新犯罪预防工作等进行监督。

第六章 法 律 责 任

第六十一条 【对不履行监护职责行为的处理】公安机关、人民检察院、人民法院在办理案件过程中发现实施严重不良行为的未成年人的父母或者其他监护人不依法履行监护职责的，应当予以训诫，并可以责令其接受家庭教育指导。

第六十二条 【对学校及其教职员工违法行为的处理】学校及其教职员工违反本法规定,不履行预防未成年人犯罪工作职责,或者虐待、歧视相关未成年人的,由教育行政等部门责令改正,通报批评;情节严重的,对直接负责的主管人员和其他直接责任人员依法给予处分。构成违反治安管理行为的,由公安机关依法予以治安管理处罚。

教职员工教唆、胁迫、引诱未成年人实施不良行为或者严重不良行为,以及品行不良、影响恶劣的,教育行政部门、学校应当依法予以解聘或者辞退。

第六十三条 【复学、升学、就业等方面歧视未成年人行为的处罚】违反本法规定,在复学、升学、就业等方面歧视相关未成年人的,由所在单位或者教育、人力资源社会保障等部门责令改正;拒不改正的,对直接负责的主管人员或者其他直接责任人员依法给予处分。

第六十四条 【虐待、歧视接受社会观护的未成年人行为的处罚】有关社会组织、机构及其工作人员虐待、歧视接受社会观护的未成年人,或者出具虚假社会调查、心理测评报告的,由民政、司法行政等部门对直接负责的主管人员或者其他直接责任人员依法给予处分,构成违反治安管理行为的,由公安机关予以治安管理处罚。

第六十五条 【对教唆、胁迫、引诱未成年人实施不良行为的处罚】教唆、胁迫、引诱未成年人实施不良行为或者严重不良行为,构成违反治安管理行为的,由公安机关依法予以治安管理处罚。

第六十六条 【国家机关工作人员渎职行为的处罚】国家机关及其工作人员在预防未成年人犯罪工作中滥用职权、玩忽职守、徇私舞弊的,对直接负责的主管人员和其他直接责任人员,依法给予处分。

第六十七条 【刑事责任】违反本法规定,构成犯罪的,依法追究刑事责任。

第七章 附 则

第六十八条 【施行日期】本法自2021年6月1日起施行。

中华人民共和国教育法

（1995年3月18日第八届全国人民代表大会第三次会议通过 根据2009年8月27日第十一届全国人民代表大会常务委员会第十次会议《关于修改部分法律的决定》第一次修正 根据2015年12月27日第十二届全国人民代表大会常务委员会第十八次会议《关于修改〈中华人民共和国教育法〉的决定》第二次修正 根据2021年4月29日第十三届全国人民代表大会常务委员会第二十八次会议《关于修改〈中华人民共和国教育法〉的决定》第三次修正）

第一章 总　则

第一条 【立法目的】为了发展教育事业，提高全民族的素质，促进社会主义物质文明和精神文明建设，根据宪法，制定本法。

第二条 【适用范围】在中华人民共和国境内的各级各类教育，适用本法。

第三条 【指导思想和基本原则】国家坚持中国共产党的领导，坚持以马克思列宁主义、毛泽东思想、邓小平理论、"三个代表"重要思想、科学发展观、习近平新时代中国特色社会主义思想为指导，遵循宪法确定的基本原则，发展社会主义的教育事业。

第四条 【教育的地位】教育是社会主义现代化建设的基础，对提高人民综合素质、促进人的全面发展、增强中华民族创新创造活力、实现中华民族伟大复兴具有决定性意义，国家保障教育事业优先发展。

全社会应当关心和支持教育事业的发展。

全社会应当尊重教师。

第五条 【教育的任务】教育必须为社会主义现代化建设服务、为人民服务,必须与生产劳动和社会实践相结合,培养德智体美劳全面发展的社会主义建设者和接班人。

第六条 【教育基本内容】教育应当坚持立德树人,对受教育者加强社会主义核心价值观教育,增强受教育者的社会责任感、创新精神和实践能力。

国家在受教育者中进行爱国主义、集体主义、中国特色社会主义的教育,进行理想、道德、纪律、法治、国防和民族团结的教育。

第七条 【继承和吸收】教育应当继承和弘扬中华优秀传统文化、革命文化、社会主义先进文化,吸收人类文明发展的一切优秀成果。

第八条 【教育与国家和社会利益】教育活动必须符合国家和社会公共利益。

国家实行教育与宗教相分离。任何组织和个人不得利用宗教进行妨碍国家教育制度的活动。

第九条 【公民的教育权利和义务】中华人民共和国公民有受教育的权利和义务。

公民不分民族、种族、性别、职业、财产状况、宗教信仰等,依法享有平等的受教育机会。

第十条 【帮助、扶持的教育】国家根据各少数民族的特点和需要,帮助各少数民族地区发展教育事业。

国家扶持边远贫困地区发展教育事业。

国家扶持和发展残疾人教育事业。

第十一条 【教育改革、公平、科研】国家适应社会主义市场经济发展和社会进步的需要,推进教育改革,推动各级各类教育协调发展、衔接融通,完善现代国民教育体系,健全终身教育体系,提高教育现代化水平。

国家采取措施促进教育公平,推动教育均衡发展。

国家支持、鼓励和组织教育科学研究,推广教育科学研究成果,促进教育质量提高。

第十二条 【语言文字】国家通用语言文字为学校及其他教育机构的基本教育教学语言文字,学校及其他教育机构应当使用国家通用语言文字进行教育教学。

民族自治地方以少数民族学生为主的学校及其他教育机构,从实际出发,使用国家通用语言文字和本民族或者当地民族通用的语言文字实施双语教育。

国家采取措施,为少数民族学生为主的学校及其他教育机构实施双语教育提供条件和支持。

第十三条 【奖励对象】国家对发展教育事业做出突出贡献的组织和个人,给予奖励。

第十四条 【管理体制】国务院和地方各级人民政府根据分级管理、分工负责的原则,领导和管理教育工作。

中等及中等以下教育在国务院领导下,由地方人民政府管理。

高等教育由国务院和省、自治区、直辖市人民政府管理。

第十五条 【教育行政部门】国务院教育行政部门主管全国教育工作,统筹规划、协调管理全国的教育事业。

县级以上地方各级人民政府教育行政部门主管本行政区域内的教育工作。

县级以上各级人民政府其他有关部门在各自的职责范围内,负责有关的教育工作。

第十六条 【人大监督】国务院和县级以上地方各级人民政府应当向本级人民代表大会或者其常务委员会报告教育工作和教育经费预算、决算情况,接受监督。

第二章 教育基本制度

第十七条 【教育阶段制度】国家实行学前教育、初等教育、中等教育、高等教育的学校教育制度。

国家建立科学的学制系统。学制系统内的学校和其他教育机构的设置、教育形式、修业年限、招生对象、培养目标等,由国务院或者由国务院授权教育行政部门规定。

第十八条 【学前教育】国家制定学前教育标准,加快普及学前教育,构建覆盖城乡,特别是农村的学前教育公共服务体系。

各级人民政府应当采取措施,为适龄儿童接受学前教育提供条件和支持。

第十九条 【义务教育】国家实行九年制义务教育制度。

各级人民政府采取各种措施保障适龄儿童、少年就学。

适龄儿童、少年的父母或者其他监护人以及有关社会组织和个人有义务使适龄儿童、少年接受并完成规定年限的义务教育。

第二十条 【职业教育和继续教育】国家实行职业教育制度和继续教育制度。

各级人民政府、有关行政部门和行业组织以及企业事业组织应当采取措施,发展并保障公民接受职业学校教育或者各种形式的职业培训。

国家鼓励发展多种形式的继续教育,使公民接受适当形式的政治、经济、文化、科学、技术、业务等方面的教育,促进不同类型学习成果的互认和衔接,推动全民终身学习。

第二十一条 【考试制度】国家实行国家教育考试制度。

国家教育考试由国务院教育行政部门确定种类,并由国家批准的实施教育考试的机构承办。

第二十二条 【学业证书】国家实行学业证书制度。

经国家批准设立或者认可的学校及其他教育机构按照国家有关规定,颁发学历证书或者其他学业证书。

第二十三条 【学位制度】国家实行学位制度。

学位授予单位依法对达到一定学术水平或者专业技术水平的人员授予相应的学位,颁发学位证书。

第二十四条 【扫盲教育】各级人民政府、基层群众性自治组织和企业事业组织应当采取各种措施,开展扫除文盲的教育工作。

按照国家规定具有接受扫除文盲教育能力的公民,应当接受扫除文盲的教育。

第二十五条 【教育督导和教育评估】国家实行教育督导制度和学校及

其他教育机构教育评估制度。

第三章　学校及其他教育机构

第二十六条　【举办学校及其他教育机构】国家制定教育发展规划,并举办学校及其他教育机构。

国家鼓励企业事业组织、社会团体、其他社会组织及公民个人依法举办学校及其他教育机构。

国家举办学校及其他教育机构,应当坚持勤俭节约的原则。

以财政性经费、捐赠资产举办或者参与举办的学校及其他教育机构不得设立为营利性组织。

第二十七条　【设立条件】设立学校及其他教育机构,必须具备下列基本条件:

(一)有组织机构和章程;

(二)有合格的教师;

(三)有符合规定标准的教学场所及设施、设备等;

(四)有必备的办学资金和稳定的经费来源。

第二十八条　【审批、注册和备案制度】学校及其他教育机构的设立、变更和终止,应当按照国家有关规定办理审核、批准、注册或者备案手续。

第二十九条　【学校权利】学校及其他教育机构行使下列权利:

(一)按照章程自主管理;

(二)组织实施教育教学活动;

(三)招收学生或者其他受教育者;

(四)对受教育者进行学籍管理,实施奖励或者处分;

(五)对受教育者颁发相应的学业证书;

(六)聘任教师及其他职工,实施奖励或者处分;

(七)管理、使用本单位的设施和经费;

(八)拒绝任何组织和个人对教育教学活动的非法干涉;

(九)法律、法规规定的其他权利。

国家保护学校及其他教育机构的合法权益不受侵犯。

第三十条 【学校义务】学校及其他教育机构应当履行下列义务：

(一)遵守法律、法规；

(二)贯彻国家的教育方针,执行国家教育教学标准,保证教育教学质量；

(三)维护受教育者、教师及其他职工的合法权益；

(四)以适当方式为受教育者及其监护人了解受教育者的学业成绩及其他有关情况提供便利；

(五)遵照国家有关规定收取费用并公开收费项目；

(六)依法接受监督。

第三十一条 【学校内部管理体制】学校及其他教育机构的举办者按照国家有关规定,确定其所举办的学校或者其他教育机构的管理体制。

学校及其他教育机构的校长或者主要行政负责人必须由具有中华人民共和国国籍、在中国境内定居、并具备国家规定任职条件的公民担任,其任免按照国家有关规定办理。学校的教学及其他行政管理,由校长负责。

学校及其他教育机构应当按照国家有关规定,通过以教师为主体的教职工代表大会等组织形式,保障教职工参与民主管理和监督。

第三十二条 【学校的法律地位】学校及其他教育机构具备法人条件的,自批准设立或者登记注册之日起取得法人资格。

学校及其他教育机构在民事活动中依法享有民事权利,承担民事责任。

学校及其他教育机构中的国有资产属于国家所有。

学校及其他教育机构兴办的校办产业独立承担民事责任。

第四章 教师和其他教育工作者

第三十三条 【教师的权利义务】教师享有法律规定的权利,履行法律规定的义务,忠诚于人民的教育事业。

第三十四条 【教师待遇】国家保护教师的合法权益,改善教师的工作条件和生活条件,提高教师的社会地位。

教师的工资报酬、福利待遇,依照法律、法规的规定办理。

第三十五条 【教师制度】国家实行教师资格、职务、聘任制度,通过考核、奖励、培养和培训,提高教师素质,加强教师队伍建设。

第三十六条 【管理人员和教辅人员等】学校及其他教育机构中的管理人员,实行教育职员制度。

学校及其他教育机构中的教学辅助人员和其他专业技术人员,实行专业技术职务聘任制度。

第五章 受教育者

第三十七条 【受教育者的平等权】受教育者在入学、升学、就业等方面依法享有平等权利。

学校和有关行政部门应当按照国家有关规定,保障女子在入学、升学、就业、授予学位、派出留学等方面享有同男子平等的权利。

第三十八条 【国家和社会资助】国家、社会对符合入学条件、家庭经济困难的儿童、少年、青年,提供各种形式的资助。

第三十九条 【残疾人教育】国家、社会、学校及其他教育机构应当根据残疾人身心特性和需要实施教育,并为其提供帮助和便利。

第四十条 【违法犯罪的未成年人】国家、社会、家庭、学校及其他教育机构应当为有违法犯罪行为的未成年人接受教育创造条件。

第四十一条 【职业教育】从业人员有依法接受职业培训和继续教育的权利和义务。

国家机关、企业事业组织和其他社会组织,应当为本单位职工的学习和培训提供条件和便利。

第四十二条 【终身教育】国家鼓励学校及其他教育机构、社会组织采取措施,为公民接受终身教育创造条件。

第四十三条 【受教育者权利】受教育者享有下列权利:

(一)参加教育教学计划安排的各种活动,使用教育教学设施、设备、图书资料;

(二)按照国家有关规定获得奖学金、贷学金、助学金;

(三)在学业成绩和品行上获得公正评价,完成规定的学业后获得相应的学业证书、学位证书;

（四）对学校给予的处分不服向有关部门提出申诉,对学校、教师侵犯其人身权、财产权等合法权益,提出申诉或者依法提起诉讼;

（五）法律、法规规定的其他权利。

第四十四条 【受教育者义务】受教育者应当履行下列义务:

（一）遵守法律、法规;

（二）遵守学生行为规范,尊敬师长,养成良好的思想品德和行为习惯;

（三）努力学习,完成规定的学习任务;

（四）遵守所在学校或者其他教育机构的管理制度。

第四十五条 【学校、体育和卫生保健】教育、体育、卫生行政部门和学校及其他教育机构应当完善体育、卫生保健设施,保护学生的身心健康。

第六章 教育与社会

第四十六条 【社会环境】国家机关、军队、企业事业组织、社会团体及其他社会组织和个人,应当依法为儿童、少年、青年学生的身心健康成长创造良好的社会环境。

第四十七条 【社会合作】国家鼓励企业事业组织、社会团体及其他社会组织同高等学校、中等职业学校在教学、科研、技术开发和推广等方面进行多种形式的合作。

企业事业组织、社会团体及其他社会组织和个人,可以通过适当形式,支持学校的建设,参与学校管理。

第四十八条 【学生实习和社会实践】国家机关、军队、企业事业组织及其他社会组织应当为学校组织的学生实习、社会实践活动提供帮助和便利。

第四十九条 【社会公益活动】学校及其他教育机构在不影响正常教育教学活动的前提下,应当积极参加当地的社会公益活动。

第五十条 【家庭教育】未成年人的父母或者其他监护人应当为其未成年子女或者其他被监护人受教育提供必要条件。

未成年人的父母或者其他监护人应当配合学校及其他教育机构,对其未成年子女或者其他被监护人进行教育。

学校、教师可以对学生家长提供家庭教育指导。

第五十一条 【文化单位义务】图书馆、博物馆、科技馆、文化馆、美术馆、体育馆(场)等社会公共文化体育设施,以及历史文化古迹和革命纪念馆(地),应当对教师、学生实行优待,为受教育者接受教育提供便利。

广播、电视台(站)应当开设教育节目,促进受教育者思想品德、文化和科学技术素质的提高。

第五十二条 【校外教育】国家、社会建立和发展对未成年人进行校外教育的设施。

学校及其他教育机构应当同基层群众性自治组织、企业事业组织、社会团体相互配合,加强对未成年人的校外教育工作。

第五十三条 【社会文化教育】国家鼓励社会团体、社会文化机构及其他社会组织和个人开展有益于受教育者身心健康的社会文化教育活动。

第七章 教育投入与条件保障

第五十四条 【经费筹措体制】国家建立以财政拨款为主、其他多种渠道筹措教育经费为辅的体制,逐步增加对教育的投入,保证国家举办的学校教育经费的稳定来源。

企业事业组织、社会团体及其他社会组织和个人依法举办的学校及其他教育机构,办学经费由举办者负责筹措,各级人民政府可以给予适当支持。

第五十五条 【财政经费比例】国家财政性教育经费支出占国民生产总值的比例应当随着国民经济的发展和财政收入的增长逐步提高。具体比例和实施步骤由国务院规定。

全国各级财政支出总额中教育经费所占比例应当随着国民经济的发展逐步提高。

第五十六条 【经费支出与增长】各级人民政府的教育经费支出,按照事权和财权相统一的原则,在财政预算中单独列项。

各级人民政府教育财政拨款的增长应当高于财政经常性收入的增长,并使按在校学生人数平均的教育费用逐步增长,保证教师工资和学生人均公用经费逐步增长。

第五十七条 【专项资金】国务院及县级以上地方各级人民政府应当设立教育专项资金，重点扶持边远贫困地区、少数民族地区实施义务教育。

第五十八条 【教育费附加】税务机关依法足额征收教育费附加，由教育行政部门统筹管理，主要用于实施义务教育。

省、自治区、直辖市人民政府根据国务院的有关规定，可以决定开征用于教育的地方附加费，专款专用。

第五十九条 【校办产业】国家采取优惠措施，鼓励和扶持学校在不影响正常教育教学的前提下开展勤工俭学和社会服务，兴办校办产业。

第六十条 【捐资助学】国家鼓励境内、境外社会组织和个人捐资助学。

第六十一条 【经费、捐赠使用】国家财政性教育经费、社会组织和个人对教育的捐赠，必须用于教育，不得挪用、克扣。

第六十二条 【教育信贷】国家鼓励运用金融、信贷手段，支持教育事业的发展。

第六十三条 【经费监管】各级人民政府及其教育行政部门应当加强对学校及其他教育机构教育经费的监督管理，提高教育投资效益。

第六十四条 【学校基建】地方各级人民政府及其有关行政部门必须把学校的基本建设纳入城乡建设规划，统筹安排学校的基本建设用地及所需物资，按照国家有关规定实行优先、优惠政策。

第六十五条 【教学用品】各级人民政府对教科书及教学用图书资料的出版发行，对教学仪器、设备的生产和供应，对用于学校教育教学和科学研究的图书资料、教学仪器、设备的进口，按照国家有关规定实行优先、优惠政策。

第六十六条 【现代化教学手段】国家推进教育信息化，加快教育信息基础设施建设，利用信息技术促进优质教育资源普及共享，提高教育教学水平和教育管理水平。

县级以上人民政府及其有关部门应当发展教育信息技术和其他现代化教学方式，有关行政部门应当优先安排，给予扶持。

国家鼓励学校及其他教育机构推广运用现代化教学方式。

第八章 教育对外交流与合作

第六十七条 【对外交流合作原则】国家鼓励开展教育对外交流与合

作,支持学校及其他教育机构引进优质教育资源,依法开展中外合作办学,发展国际教育服务,培养国际化人才。

教育对外交流与合作坚持独立自主、平等互利、相互尊重的原则,不得违反中国法律,不得损害国家主权、安全和社会公共利益。

第六十八条 【出国管理】中国境内公民出国留学、研究、进行学术交流或者任教,依照国家有关规定办理。

第六十九条 【境外人员入境学习】中国境外个人符合国家规定的条件并办理有关手续后,可以进入中国境内学校及其他教育机构学习、研究、进行学术交流或者任教,其合法权益受国家保护。

第七十条 【境外学业证书承认】中国对境外教育机构颁发的学位证书、学历证书及其他学业证书的承认,依照中华人民共和国缔结或者加入的国际条约办理,或者按照国家有关规定办理。

第九章 法律责任

第七十一条 【有关经费的违法责任】违反国家有关规定,不按照预算核拨教育经费的,由同级人民政府限期核拨;情节严重的,对直接负责的主管人员和其他直接责任人员,依法给予处分。

违反国家财政制度、财务制度,挪用、克扣教育经费的,由上级机关责令限期归还被挪用、克扣的经费,并对直接负责的主管人员和其他直接责任人员,依法给予处分;构成犯罪的,依法追究刑事责任。

第七十二条 【扰乱教学秩序等行为的法律责任】结伙斗殴、寻衅滋事,扰乱学校及其他教育机构教育教学秩序或者破坏校舍、场地及其他财产的,由公安机关给予治安管理处罚;构成犯罪的,依法追究刑事责任。

侵占学校及其他教育机构的校舍、场地及其他财产的,依法承担民事责任。

第七十三条 【对有危险的教学设施不采取措施的法律责任】明知校舍或者教育教学设施有危险,而不采取措施,造成人员伤亡或者重大财产损失的,对直接负责的主管人员和其他直接责任人员,依法追究刑事责任。

第七十四条 【乱收费用的法律责任】违反国家有关规定,向学校或者其他教育机构收取费用的,由政府责令退还所收费用;对直接负责的主管人员和其他直接责任人员,依法给予处分。

第七十五条 【违法办学的法律责任】违反国家有关规定,举办学校或者其他教育机构的,由教育行政部门或者其他有关行政部门予以撤销;有违法所得的,没收违法所得;对直接负责的主管人员和其他直接责任人员,依法给予处分。

第七十六条 【违规招生的法律责任】学校或者其他教育机构违反国家有关规定招收学生的,由教育行政部门或者其他有关行政部门责令退回招收的学生,退还所收费用;对学校、其他教育机构给予警告,可以处违法所得五倍以下罚款;情节严重的,责令停止相关招生资格一年以上三年以下,直至撤销招生资格、吊销办学许可证;对直接负责的主管人员和其他直接责任人员,依法给予处分;构成犯罪的,依法追究刑事责任。

第七十七条 【徇私舞弊招生的法律责任】在招收学生工作中滥用职权、玩忽职守、徇私舞弊的,由教育行政部门或者其他有关行政部门责令退回招收的不符合入学条件的人员;对直接负责的主管人员和其他直接责任人员,依法给予处分;构成犯罪的,依法追究刑事责任。

盗用、冒用他人身份,顶替他人取得的入学资格的,由教育行政部门或者其他有关行政部门责令撤销入学资格,并责令停止参加相关国家教育考试二年以上五年以下;已经取得学位证书、学历证书或者其他学业证书的,由颁发机构撤销相关证书;已经成为公职人员的,依法给予开除处分;构成违反治安管理行为的,由公安机关依法给予治安管理处罚;构成犯罪的,依法追究刑事责任。

与他人串通,允许他人冒用本人身份,顶替本人取得的入学资格的,由教育行政部门或者其他有关行政部门责令停止参加相关国家教育考试一年以上三年以下;有违法所得的,没收违法所得;已经成为公职人员的,依法给予处分;构成违反治安管理行为的,由公安机关依法给予治安管理处罚;构成犯罪的,依法追究刑事责任。

组织、指使盗用或者冒用他人身份,顶替他人取得的入学资格的,有违法所得的,没收违法所得;属于公职人员的,依法给予处分;构成违反治安管理行为的,由公安机关依法给予治安管理处罚;构成犯罪的,依法追究刑事责任。

入学资格被顶替权利受到侵害的,可以请求恢复其入学资格。

第七十八条 【乱收学杂费的法律责任】学校及其他教育机构违反国家有关规定向受教育者收取费用的,由教育行政部门或者其他有关行政部门责令退还所收费用;对直接负责的主管人员和其他直接责任人员,依法给予处分。

第七十九条 【非法获取试题或答案等行为的法律责任】考生在国家教育考试中有下列行为之一的,由组织考试的教育考试机构工作人员在考试现场采取必要措施予以制止并终止其继续参加考试;组织考试的教育考试机构可以取消其相关考试资格或者考试成绩;情节严重的,由教育行政部门责令停止参加相关国家教育考试一年以上三年以下;构成违反治安管理行为的,由公安机关依法给予治安管理处罚;构成犯罪的,依法追究刑事责任:

(一)非法获取考试试题或者答案的;

(二)携带或者使用考试作弊器材、资料的;

(三)抄袭他人答案的;

(四)让他人代替自己参加考试的;

(五)其他以不正当手段获得考试成绩的作弊行为。

第八十条 【组织作弊等行为的法律责任】任何组织或者个人在国家教育考试中有下列行为之一,有违法所得的,由公安机关没收违法所得,并处违法所得一倍以上五倍以下罚款;情节严重的,处五日以上十五日以下拘留;构成犯罪的,依法追究刑事责任;属于国家机关工作人员的,还应当依法给予处分:

(一)组织作弊的;

(二)通过提供考试作弊器材等方式为作弊提供帮助或者便利的;

(三)代替他人参加考试的;

(四)在考试结束前泄露、传播考试试题或者答案的;

(五)其他扰乱考试秩序的行为。

第八十一条 【疏于管理的法律责任】举办国家教育考试,教育行政部门、教育考试机构疏于管理,造成考场秩序混乱、作弊情况严重的,对直接负责的主管人员和其他直接责任人员,依法给予处分;构成犯罪的,依法追究刑事责任。

第八十二条 【违法颁发学业证书等行为的法律责任】学校或者其他教育机构违反本法规定,颁发学位证书、学历证书或者其他学业证书的,由教育行政部门或者其他有关行政部门宣布证书无效,责令收回或者予以没收;有违法所得的,没收违法所得;情节严重的,责令停止相关招生资格一年以上三年以下,直至撤销招生资格、颁发证书资格;对直接负责的主管人员和其他直接责任人员,依法给予处分。

前款规定以外的任何组织或者个人制造、销售、颁发假冒学位证书、学历证书或者其他学业证书,构成违反治安管理行为的,由公安机关依法给予治安管理处罚;构成犯罪的,依法追究刑事责任。

以作弊、剽窃、抄袭等欺诈行为或者其他不正当手段获得学位证书、学历证书或者其他学业证书的,由颁发机构撤销相关证书。购买、使用假冒学位证书、学历证书或者其他学业证书,构成违反治安管理行为的,由公安机关依法给予治安管理处罚。

第八十三条 【侵权行为的法律责任】违反本法规定,侵犯教师、受教育者、学校或者其他教育机构的合法权益,造成损失、损害的,应当依法承担民事责任。

第十章 附 则

第八十四条 【军事和宗教教育】军事学校教育由中央军事委员会根据本法的原则规定。

宗教学校教育由国务院另行规定。

第八十五条 【外资办学】境外的组织和个人在中国境内办学和合作办学的办法,由国务院规定。

第八十六条 【施行日期】本法自1995年9月1日起施行。

中华人民共和国教师法

(1993年10月31日第八届全国人民代表大会常务委员会第四次会议通过 根据2009年8月27日第十一届全国人民代表大会常务委员会第十次会议《关于修改部分法律的决定》修正)

第一章 总 则

第一条 【立法目的】为了保障教师的合法权益,建设具有良好思想品德修养和业务素质的教师队伍,促进社会主义教育事业的发展,制定本法。

第二条 【适用对象】本法适用于在各级各类学校和其他教育机构中专门从事教育教学工作的教师。

第三条 【教师使命】教师是履行教育教学职责的专业人员,承担教书育人,培养社会主义事业建设者和接班人、提高民族素质的使命。教师应当忠诚于人民的教育事业。

第四条 【政府职责】各级人民政府应当采取措施,加强教师的思想政治教育和业务培训,改善教师的工作条件和生活条件,保障教师的合法权益,提高教师的社会地位。

全社会都应当尊重教师。

第五条 【管理体制】国务院教育行政部门主管全国的教师工作。

国务院有关部门在各自职权范围内负责有关的教师工作。

学校和其他教育机构根据国家规定,自主进行教师管理工作。

第六条 【教师节】每年九月十日为教师节。

第二章 权利和义务

第七条 【教师权利】教师享有下列权利：

（一）进行教育教学活动，开展教育教学改革和实验；

（二）从事科学研究、学术交流，参加专业的学术团体，在学术活动中充分发表意见；

（三）指导学生的学习和发展，评定学生的品行和学业成绩；

（四）按时获取工资报酬，享受国家规定的福利待遇以及寒暑假期的带薪休假；

（五）对学校教育教学、管理工作和教育行政部门的工作提出意见和建议，通过教职工代表大会或者其他形式，参与学校的民主管理；

（六）参加进修或者其他方式的培训。

第八条 【教师义务】教师应当履行下列义务：

（一）遵守宪法、法律和职业道德，为人师表；

（二）贯彻国家的教育方针，遵守规章制度，执行学校的教学计划，履行教师聘约，完成教育教学工作任务；

（三）对学生进行宪法所确定的基本原则的教育和爱国主义、民族团结的教育，法制教育以及思想品德、文化、科学技术教育，组织、带领学生开展有益的社会活动；

（四）关心、爱护全体学生，尊重学生人格，促进学生在品德、智力、体质等方面全面发展；

（五）制止有害于学生的行为或者其他侵犯学生合法权益的行为，批评和抵制有害于学生健康成长的现象；

（六）不断提高思想政治觉悟和教育教学业务水平。

第九条 【教学任务保障】为保障教师完成教育教学任务，各级人民政府、教育行政部门、有关部门、学校和其他教育机构应当履行下列职责：

（一）提供符合国家安全标准的教育教学设施和设备；

（二）提供必需的图书、资料及其他教育教学用品；

（三）对教师在教育教学、科学研究中的创造性工作给以鼓励和帮助；

（四）支持教师制止有害于学生的行为或者其他侵犯学生合法权益的行为。

第三章 资格和任用

第十条 【教师资格条件】国家实行教师资格制度。

中国公民凡遵守宪法和法律，热爱教育事业，具有良好的思想品德，具备本法规定的学历或者经国家教师资格考试合格，有教育教学能力，经认定合格的，可以取得教师资格。

第十一条 【教师学历条件】取得教师资格应当具备的相应学历是：

（一）取得幼儿园教师资格，应当具备幼儿师范学校毕业及其以上学历；

（二）取得小学教师资格，应当具备中等师范学校毕业及其以上学历；

（三）取得初级中学教师、初级职业学校文化、专业课教师资格，应当具备高等师范专科学校或者其他大学专科毕业及其以上学历；

（四）取得高级中学教师资格和中等专业学校、技工学校、职业高中文化课、专业课教师资格，应当具备高等师范院校本科或者其他大学本科毕业及其以上学历；取得中等专业学校、技工学校和职业高中学生实习指导教师资格应当具备的学历，由国务院教育行政部门规定；

（五）取得高等学校教师资格，应当具备研究生或者大学本科毕业学历；

（六）取得成人教育教师资格，应当按照成人教育的层次、类别，分别具备高等、中等学校毕业及其以上学历。

不具备本法规定的教师资格学历的公民，申请获取教师资格，必须通过国家教师资格考试。国家教师资格考试制度由国务院规定。

第十二条 【过渡资格】本法实施前已经在学校或者其他教育机构中任教的教师，未具备本法规定学历的，由国务院教育行政部门规定教师资格过渡办法。

第十三条 【资格认定】中小学教师资格由县级以上地方人民政府教育行政部门认定。中等专业学校、技工学校的教师资格由县级以上地方人民政府教育行政部门组织有关主管部门认定。普通高等学校的教师资格由国务院或者省、自治区、直辖市教育行政部门或者由其委托的学校认定。

具备本法规定的学历或者经国家教师资格考试合格的公民,要求有关部门认定其教师资格的,有关部门应当依照本法规定的条件予以认定。

取得教师资格的人员首次任教时,应当有试用期。

第十四条 【资格限制】受到剥夺政治权利或者故意犯罪受到有期徒刑以上刑事处罚的,不能取得教师资格;已经取得教师资格的,丧失教师资格。

第十五条 【师范生】各级师范学校毕业生,应当按照国家有关规定从事教育教学工作。

国家鼓励非师范高等学校毕业生到中小学或者职业学校任教。

第十六条 【教师职务制度】国家实行教师职务制度,具体办法由国务院规定。

第十七条 【教师聘任制】学校和其他教育机构应当逐步实行教师聘任制。教师的聘任应当遵循双方地位平等的原则,由学校和教师签订聘任合同,明确规定双方的权利、义务和责任。

实施教师聘任制的步骤、办法由国务院教育行政部门规定。

第四章 培养和培训

第十八条 【教师培养】各级人民政府和有关部门应当办好师范教育,并采取措施,鼓励优秀青年进入各级师范学校学习。各级教师进修学校承担培训中小学教师的任务。

非师范学校应当承担培养和培训中小学教师的任务。

各级师范学校学生享受专业奖学金。

第十九条 【教师培训】各级人民政府教育行政部门、学校主管部门和学校应当制定教师培训规划,对教师进行多种形式的思想政治、业务培训。

第二十条 【教师社会调查】国家机关、企业事业单位和其他社会组织应当为教师的社会调查和社会实践提供方便,给予协助。

第二十一条 【少数民族地区教师】各级人民政府应当采取措施,为少数民族地区和边远贫困地区培养、培训教师。

第五章 考 核

第二十二条 【考核教师内容】学校或者其他教育机构应当对教师的政治思想、业务水平、工作态度和工作成绩进行考核。

教育行政部门对教师的考核工作进行指导、监督。

第二十三条 【考核要求】考核应当客观、公正、准确,充分听取教师本人、其他教师以及学生的意见。

第二十四条 【考核结果】教师考核结果是受聘任教、晋升工资、实施奖惩的依据。

第六章 待 遇

第二十五条 【教师工资】教师的平均工资水平应当不低于或者高于国家公务员的平均工资水平,并逐步提高。建立正常晋级增薪制度,具体办法由国务院规定。

第二十六条 【教师津贴】中小学教师和职业学校教师享受教龄津贴和其他津贴,具体办法由国务院教育行政部门会同有关部门制定。

第二十七条 【特殊补贴】地方各级人民政府对教师以及具有中专以上学历的毕业生到少数民族地区和边远贫困地区从事教育教学工作的,应当予以补贴。

第二十八条 【教师住房】地方各级人民政府和国务院有关部门,对城市教师住房的建设、租赁、出售实行优先、优惠。

县、乡两级人民政府应当为农村中小学教师解决住房提供方便。

第二十九条 【教师医疗】教师的医疗同当地国家公务员享受同等的待遇;定期对教师进行身体健康检查,并因地制宜安排教师进行休养。

医疗机构应当对当地教师的医疗提供方便。

第三十条 【教师退休(职)】教师退休或者退职后,享受国家规定的退休或者退职待遇。

县级以上地方人民政府可以适当提高长期从事教育教学工作的中小学

退休教师的退休金比例。

第三十一条 【非国家支付工资的教师待遇】各级人民政府应当采取措施,改善国家补助、集体支付工资的中小学教师的待遇,逐步做到在工资收入上与国家支付工资的教师同工同酬,具体办法由地方各级人民政府根据本地区的实际情况规定。

第三十二条 【社办学校教师待遇】社会力量所办学校的教师的待遇,由举办者自行确定并予以保障。

第七章 奖 励

第三十三条 【表彰奖励条件】教师在教育教学、培养人才、科学研究、教学改革、学校建设、社会服务、勤工俭学等方面成绩优异的,由所在学校予以表彰、奖励。

国务院和地方各级人民政府及其有关部门对有突出贡献的教师,应当予以表彰、奖励。

对有重大贡献的教师,依照国家有关规定授予荣誉称号。

第三十四条 【奖励基金】国家支持和鼓励社会组织或者个人向依法成立的奖励教师的基金组织捐助资金,对教师进行奖励。

第八章 法 律 责 任

第三十五条 【侮辱殴打教师】侮辱、殴打教师的,根据不同情况,分别给予行政处分或者行政处罚;造成损害的,责令赔偿损失;情节严重,构成犯罪的,依法追究刑事责任。

第三十六条 【打击报复教师】对依法提出申诉、控告、检举的教师进行打击报复的,由其所在单位或者上级机关责令改正;情节严重的,可以根据具体情况给予行政处分。

国家工作人员对教师打击报复构成犯罪的,依照刑法有关规定追究刑事责任。

第三十七条 【处分、解聘】教师有下列情形之一的,由所在学校、其他

教育机构或者教育行政部门给予行政处分或者解聘:

(一)故意不完成教育教学任务给教育教学工作造成损失的;

(二)体罚学生,经教育不改的;

(三)品行不良、侮辱学生,影响恶劣的。

教师有前款第(二)项、第(三)项所列情形之一,情节严重,构成犯罪的,依法追究刑事责任。

第三十八条 【拖欠教师工资】地方人民政府对违反本法规定,拖欠教师工资或者侵犯教师其他合法权益的,应当责令其限期改正。

违反国家财政制度、财务制度,挪用国家财政用于教育的经费,严重妨碍教育教学工作,拖欠教师工资,损害教师合法权益的,由上级机关责令限期归还被挪用的经费,并对直接责任人员给予行政处分;情节严重,构成犯罪的,依法追究刑事责任。

第三十九条 【教师申诉】教师对学校或者其他教育机构侵犯其合法权益的,或者对学校或者其他教育机构作出的处理不服的,可以向教育行政部门提出申诉,教育行政部门应当在接到申诉的三十日内,作出处理。

教师认为当地人民政府有关行政部门侵犯其根据本法规定享有的权利的,可以向同级人民政府或者上一级人民政府有关部门提出申诉,同级人民政府或者上一级人民政府有关部门应当作出处理。

第九章 附 则

第四十条 【用语解释】本法下列用语的含义是:

(一)各级各类学校,是指实施学前教育、普通初等教育、普通中等教育、职业教育、普通高等教育以及特殊教育、成人教育的学校。

(二)其他教育机构,是指少年宫以及地方教研室、电化教育机构等。

(三)中小学教师,是指幼儿园、特殊教育机构、普通中小学、成人初等中等教育机构、职业中学以及其他教育机构的教师。

第四十一条 【教辅人员和军队教师】学校和其他教育机构中的教育教学辅助人员,其他类型的学校的教师和教育教学辅助人员,可以根据实际情况参照本法的有关规定执行。

军队所属院校的教师和教育教学辅助人员,由中央军事委员会依照本法制定有关规定。

第四十二条 【外籍教师】外籍教师的聘任办法由国务院教育行政部门规定。

第四十三条 【施行日期】本法自1994年1月1日起施行。

未成年人学校保护规定

(2021年6月1日教育部令第50号公布
自2021年9月1日起施行)

第一章 总 则

第一条 为了落实学校保护职责,保障未成年人合法权益,促进未成年人德智体美劳全面发展、健康成长,根据《中华人民共和国教育法》《中华人民共和国未成年人保护法》等法律法规,制定本规定。

第二条 普通中小学、中等职业学校(以下简称学校)对本校未成年人(以下统称学生)在校学习、生活期间合法权益的保护,适用本规定。

第三条 学校应当全面贯彻国家教育方针,落实立德树人根本任务,弘扬社会主义核心价值观,依法办学、依法治校,履行学生权益保护法定职责,健全保护制度,完善保护机制。

第四条 学校学生保护工作应当坚持最有利于未成年人的原则,注重保护和教育相结合,适应学生身心健康发展的规律和特点;关心爱护每个学生,尊重学生权利,听取学生意见。

第五条 教育行政部门应当落实工作职责,会同有关部门健全学校学生保护的支持措施、服务体系,加强对学校学生保护工作的支持、指导、监督和评价。

第二章 一般保护

第六条 学校应当平等对待每个学生,不得因学生及其父母或者其他监护人(以下统称家长)的民族、种族、性别、户籍、职业、宗教信仰、教育程度、家庭状况、身心健康情况等歧视学生或者对学生进行区别对待。

第七条 学校应当落实安全管理职责,保护学生在校期间人身安全。学校不得组织、安排学生从事抢险救灾、参与危险性工作,不得安排学生参加商业性活动及其他不宜学生参加的活动。

学生在校内或者本校组织的校外活动中发生人身伤害事故的,学校应当依据有关规定妥善处理,及时通知学生家长;情形严重的,应当按规定向有关部门报告。

第八条 学校不得设置侵犯学生人身自由的管理措施,不得对学生在课间及其他非教学时间的正当交流、游戏、出教室活动等言行自由设置不必要的约束。

第九条 学校应当尊重和保护学生的人格尊严,尊重学生名誉,保护和培育学生的荣誉感、责任感,表彰、奖励学生做到公开、公平、公正;在教育、管理中不得使用任何贬损、侮辱学生及其家长或者所属特定群体的言行、方式。

第十条 学校采集学生个人信息,应当告知学生及其家长,并对所获得的学生及其家庭信息负有管理、保密义务,不得毁弃以及非法删除、泄露、公开、买卖。

学校在奖励、资助、申请贫困救助等工作中,不得泄露学生个人及其家庭隐私;学生的考试成绩、名次等学业信息,学校应当便利学生本人和家长知晓,但不得公开,不得宣传升学情况;除因法定事由,不得查阅学生的信件、日记、电子邮件或者其他网络通讯内容。

第十一条 学校应当尊重和保护学生的受教育权利,保障学生平等使用教育教学设施设备、参加教育教学计划安排的各种活动,并在学业成绩和品行上获得公正评价。

对身心有障碍的学生,应当提供合理便利,实施融合教育,给予特别支持;对学习困难、行为异常的学生,应当以适当方式教育、帮助,必要时,可以通过安排教师或者专业人员课后辅导等方式给予帮助或者支持。

学校应当建立留守学生、困境学生档案,配合政府有关部门做好关爱帮扶工作,避免学生因家庭因素失学、辍学。

第十二条 义务教育学校不得开除或者变相开除学生,不得以长期停课、劝退等方式,剥夺学生在校接受并完成义务教育的权利;对转入专门学校的学生,应当保留学籍,原决定机关决定转回的学生,不得拒绝接收。

义务教育学校应当落实学籍管理制度,健全辍学或者休学、长期请假学生的报告备案制度,对辍学学生应当及时进行劝返,劝返无效的,应当报告有关主管部门。

第十三条 学校应当按规定科学合理安排学生在校作息时间,保证学生有休息、参加文娱活动和体育锻炼的机会和时间,不得统一要求学生在规定的上课时间前到校参加课程教学活动。

义务教育学校不得占用国家法定节假日、休息日及寒暑假,组织学生集体补课;不得以集体补课等形式侵占学生休息时间。

第十四条 学校不得采用毁坏财物的方式对学生进行教育管理,对学生携带进入校园的违法违规物品,按规定予以暂扣的,应当统一管理,并依照有关规定予以处理。

学校不得违反规定向学生收费,不得强制要求或者设置条件要求学生及家长捐款捐物、购买商品或者服务,或者要求家长提供物质帮助、需支付费用的服务等。

第十五条 学校以发布、汇编、出版等方式使用学生作品,对外宣传或者公开使用学生个体肖像的,应当取得学生及其家长许可,并依法保护学生的权利。

第十六条 学校应当尊重学生的参与权和表达权,指导、支持学生参与学校章程、校规校纪、班级公约的制定,处理与学生权益相关的事务时,应当以适当方式听取学生意见。

第十七条 学校对学生实施教育惩戒或者处分学生的,应当依据有关规定,听取学生的陈述、申辩,遵循审慎、公平、公正的原则作出决定。

除开除学籍处分以外,处分学生应当设置期限,对受到处分的学生应当跟踪观察、有针对性地实施教育,确有改正的,到期应当予以解除。解除处分后,学生获得表彰、奖励及其他权益,不再受原处分影响。

第三章 专项保护

第十八条 学校应当落实法律规定建立学生欺凌防控和预防性侵害、性骚扰等专项制度,建立对学生欺凌、性侵害、性骚扰行为的零容忍处理机制和受伤害学生的关爱、帮扶机制。

第十九条 学校应当成立由校内相关人员、法治副校长、法律顾问、有关专家、家长代表、学生代表等参与的学生欺凌治理组织,负责学生欺凌行为的预防和宣传教育、组织认定、实施矫治、提供援助等。

学校应当定期针对全体学生开展防治欺凌专项调查,对学校是否存在欺凌等情形进行评估。

第二十条 学校应当教育、引导学生建立平等、友善、互助的同学关系,组织教职工学习预防、处理学生欺凌的相关政策、措施和方法,对学生开展相应的专题教育,并且应当根据情况给予相关学生家长必要的家庭教育指导。

第二十一条 教职工发现学生实施下列行为的,应当及时制止:

(一)殴打、脚踢、掌掴、抓咬、推撞、拉扯等侵犯他人身体或者恐吓威胁他人;

(二)以辱骂、讥讽、嘲弄、挖苦、起侮辱性绰号等方式侵犯他人人格尊严;

(三)抢夺、强拿硬要或者故意毁坏他人财物;

(四)恶意排斥、孤立他人,影响他人参加学校活动或者社会交往;

(五)通过网络或者其他信息传播方式捏造事实诽谤他人、散布谣言或者错误信息诋毁他人、恶意传播他人隐私。

学生之间,在年龄、身体或者人数等方面占优势的一方蓄意或者恶意对另一方实施前款行为,或者以其他方式欺压、侮辱另一方,造成人身伤害、财产损失或者精神损害的,可以认定为构成欺凌。

第二十二条 教职工应当关注因身体条件、家庭背景或者学习成绩等可能处于弱势或者特殊地位的学生,发现学生存在被孤立、排挤等情形的,应当及时干预。

教职工发现学生有明显的情绪反常、身体损伤等情形,应当及时沟通了解情况,可能存在被欺凌情形的,应当及时向学校报告。

学校应当教育、支持学生主动、及时报告所发现的欺凌情形,保护自身和他人的合法权益。

第二十三条 学校接到关于学生欺凌报告的,应当立即开展调查,认为可能构成欺凌的,应当及时提交学生欺凌治理组织认定和处置,并通知相关学生的家长参与欺凌行为的认定和处理。认定构成欺凌的,应当对实施或者参与欺凌行为的学生作出教育惩戒或者纪律处分,并对其家长提出加强管教的要求,必要时,可以由法治副校长、辅导员对学生及其家长进行训诫、教育。

对违反治安管理或者涉嫌犯罪等严重欺凌行为,学校不得隐瞒,应当及时向公安机关、教育行政部门报告,并配合相关部门依法处理。

不同学校学生之间发生的学生欺凌事件,应当在主管教育行政部门的指导下建立联合调查机制,进行认定和处理。

第二十四条 学校应当建立健全教职工与学生交往行为准则、学生宿舍安全管理规定、视频监控管理规定等制度,建立预防、报告、处置性侵害、性骚扰工作机制。

学校应当采取必要措施预防并制止教职工以及其他进入校园的人员实施以下行为:

(一)与学生发生恋爱关系、性关系;

(二)抚摸、故意触碰学生身体特定部位等猥亵行为;

(三)对学生作出调戏、挑逗或者具有性暗示的言行;

(四)向学生展示传播包含色情、淫秽内容的信息、书刊、影片、音像、图片或者其他淫秽物品;

(五)持有包含淫秽、色情内容的视听、图文资料;

(六)其他构成性骚扰、性侵害的违法犯罪行为。

第四章 管理要求

第二十五条 学校应当制定规范教职工、学生行为的校规校纪。校规校纪应当内容合法、合理，制定程序完备，向学生及其家长公开，并按照要求报学校主管部门备案。

第二十六条 学校应当严格执行国家课程方案，按照要求开齐开足课程、选用教材和教学辅助资料。学校开发的校本课程或者引进的课程应当经过科学论证，并报主管教育行政部门备案。

学校不得与校外培训机构合作向学生提供有偿的课程或者课程辅导。

第二十七条 学校应当加强作业管理，指导和监督教师按照规定科学适度布置家庭作业，不得超出规定增加作业量，加重学生学习负担。

第二十八条 学校应当按照规定设置图书馆、班级图书角，配备适合学生认知特点、内容积极向上的课外读物，营造良好阅读环境，培养学生阅读习惯，提升阅读质量。

学校应当加强读物和校园文化环境管理，禁止含有淫秽、色情、暴力、邪教、迷信、赌博、恐怖主义、分裂主义、极端主义等危害未成年人身心健康内容的读物、图片、视听作品等，以及商业广告、有悖于社会主义核心价值观的文化现象进入校园。

第二十九条 学校应当建立健全安全风险防控体系，按照有关规定完善安全、卫生、食品等管理制度，提供符合标准的教育教学设施、设备等，制定自然灾害、突发事件、极端天气和意外伤害应急预案，配备相应设施并定期组织必要的演练。

学生在校期间学校应当对校园实行封闭管理，禁止无关人员进入校园。

第三十条 学校应当以适当方式教育、提醒学生及家长，避免学生使用兴奋剂或者镇静催眠药、镇痛剂等成瘾性药物；发现学生使用的，应当予以制止、向主管部门或者公安机关报告，并应当及时通知家长，但学生因治疗需要并经执业医师诊断同意使用的除外。

第三十一条 学校应当建立学生体质监测制度，发现学生出现营养不良、近视、肥胖、龋齿等倾向或者有导致体质下降的不良行为习惯，应当进行必要的管理、干预,并通知家长,督促、指导家长实施矫治。

学校应当完善管理制度,保障学生在课间、课后使用学校的体育运动场地、设施开展体育锻炼;在周末和节假日期间,按规定向学生和周边未成年人免费或者优惠开放。

第三十二条 学校应当建立学生心理健康教育管理制度,建立学生心理健康问题的早期发现和及时干预机制,按照规定配备专职或者兼职心理健康教育教师、建设心理辅导室,或者通过购买专业社工服务等多种方式为学生提供专业化、个性化的指导和服务。

有条件的学校,可以定期组织教职工进行心理健康状况测评,指导、帮助教职工以积极、乐观的心态对待学生。

第三十三条 学校可以禁止学生携带手机等智能终端产品进入学校或者在校园内使用;对经允许带入的,应当统一管理,除教学需要外,禁止带入课堂。

第三十四条 学校应当将科学、文明、安全、合理使用网络纳入课程内容,对学生进行网络安全、网络文明和防止沉迷网络的教育,预防和干预学生过度使用网络。

学校为学生提供的上网设施,应当安装未成年人上网保护软件或者采取其他安全保护技术措施,避免学生接触不适宜未成年人接触的信息;发现网络产品、服务、信息有危害学生身心健康内容的,或者学生利用网络实施违法活动的,应当立即采取措施并向有关主管部门报告。

第三十五条 任何人不得在校园内吸烟、饮酒。学校应当设置明显的禁止吸烟、饮酒的标识,并不得以烟草制品、酒精饮料的品牌冠名学校、教学楼、设施设备及各类教学、竞赛活动。

第三十六条 学校应当严格执行入职报告和准入查询制度,不得聘用有下列情形的人员:

(一)受到剥夺政治权利或者因故意犯罪受到有期徒刑以上刑事处罚的;

(二)因卖淫、嫖娼、吸毒、赌博等违法行为受到治安管理处罚的;

(三)因虐待、性骚扰、体罚或者侮辱学生等情形被开除或者解聘的;

(四)实施其他被纳入教育领域从业禁止范围的行为的。

学校在聘用教职工或引入志愿者、社工等校外人员时，应当要求相关人员提交承诺书；对在聘人员应当按照规定定期开展核查，发现存在前款规定情形的人员应当及时解聘。

第三十七条 学校发现拟聘人员或者在职教职工存在下列情形的，应当对有关人员是否符合相应岗位要求进行评估，必要时可以安排有专业资质的第三方机构进行评估，并将相关结论作为是否聘用或者调整工作岗位、解聘的依据：

（一）有精神病史的；

（二）有严重酗酒、滥用精神类药物史的；

（三）有其他可能危害未成年人身心健康或者可能造成不良影响的身心疾病的。

第三十八条 学校应当加强对教职工的管理，预防和制止教职工实施法律、法规、规章以及师德规范禁止的行为。学校及教职工不得实施下列行为：

（一）利用管理学生的职务便利或者招生考试、评奖评优、推荐评价等机会，以任何形式向学生及其家长索取、收受财物或者接受宴请、其他利益；

（二）以牟取利益为目的，向学生推销或者要求、指定学生购买特定辅导书、练习册等教辅材料或者其他商品、服务；

（三）组织、要求学生参加校外有偿补课，或者与校外机构、个人合作向学生提供其他有偿服务；

（四）诱导、组织或者要求学生及其家长登录特定经营性网站，参与视频直播、网络购物、网络投票、刷票等活动；

（五）非法提供、泄露学生信息或者利用所掌握的学生信息牟取利益；

（六）其他利用管理学生的职权牟取不正当利益的行为。

第三十九条 学校根据《校车安全管理条例》配备、使用校车的，应当依法建立健全校车安全管理制度，向学生讲解校车安全乘坐知识，培养学生校车安全事故应急处理技能。

第四十条 学校应当定期巡查校园及周边环境，发现存在法律禁止在学校周边设立的营业场所、销售网点的，应当及时采取应对措施，并报告主管教育部门或者其他有关主管部门。

学校及其教职工不得安排或者诱导、组织学生进入营业性娱乐场所、互联网上网服务营业场所、电子游戏场所、酒吧等不适宜未成年人活动的场所;发现学生进入上述场所的,应当及时予以制止、教育,并向上述场所的主管部门反映。

第五章　保护机制

第四十一条　校长是学生学校保护的第一责任人。学校应当指定一名校领导直接负责学生保护工作,并明确具体的工作机构,有条件的,可以设立学生保护专员开展学生保护工作。学校应当为从事学生保护工作的人员接受相关法律、理论和技能的培训提供条件和支持,对教职工开展未成年人保护专项培训。

有条件的学校可以整合欺凌防治、纪律处分等组织、工作机制,组建学生保护委员会,统筹负责学生权益保护及相关制度建设。

第四十二条　学校要树立以生命关怀为核心的教育理念,利用安全教育、心理健康教育、环境保护教育、健康教育、禁毒和预防艾滋病教育等专题教育,引导学生热爱生命、尊重生命;要有针对性地开展青春期教育、性教育,使学生了解生理健康知识,提高防范性侵害、性骚扰的自我保护意识和能力。

第四十三条　学校应当结合相关课程要求,根据学生的身心特点和成长需求开展以宪法教育为核心、以权利与义务教育为重点的法治教育,培养学生树立正确的权利观念,并开展有针对性的预防犯罪教育。

第四十四条　学校可以根据实际组成由学校相关负责人、教师、法治副校长(辅导员)、司法和心理等方面专业人员参加的专业辅导工作机制,对有不良行为的学生进行矫治和帮扶;对有严重不良行为的学生,学校应当配合有关部门进行管教,无力管教或者管教无效的,可以依法向教育行政部门提出申请送专门学校接受专门教育。

第四十五条　学校在作出与学生权益有关的决定前,应当告知学生及其家长,听取意见并酌情采纳。

学校应当发挥学生会、少代会、共青团等学生组织的作用,指导、支持学生参与权益保护,对于情节轻微的学生纠纷或者其他侵害学生权益的情形,可以安排学生代表参与调解。

第四十六条 学校应当建立与家长有效联系机制,利用家访、家长课堂、家长会等多种方式与学生家长建立日常沟通。

学校应当建立学生重大生理、心理疾病报告制度,向家长及时告知学生身体及心理健康状况;学校发现学生身体状况或者情绪反应明显异常、突发疾病或者受到伤害的,应当及时通知学生家长。

第四十七条 学校和教职工发现学生遭受或疑似遭受家庭暴力、虐待、遗弃、长期无人照料、失踪等不法侵害以及面临不法侵害危险的,应当依照规定及时向公安、民政、教育等有关部门报告。学校应当积极参与、配合有关部门做好侵害学生权利案件的调查处理工作。

第四十八条 教职员工发现学生权益受到侵害,属于本职工作范围的,应当及时处理;不属于本职工作范围或者不能处理的,应当及时报告班主任或学校负责人;必要时可以直接向主管教育行政部门或者公安机关报告。

第四十九条 学生因遭受遗弃、虐待向学校请求保护的,学校不得拒绝、推诿,需要采取救助措施的,应当先行救助。

学校应当关心爱护学生,为身体或者心理受到伤害的学生提供相应的心理健康辅导、帮扶教育。对因欺凌造成身体或者心理伤害,无法在原班级就读的学生,学生家长提出调整班级请求,学校经评估认为有必要的,应当予以支持。

第六章 支持与监督

第五十条 教育行政部门应当积极探索与人民检察院、人民法院、公安、司法、民政、应急管理等部门以及从事未成年人保护工作的相关群团组织的协同机制,加强对学校学生保护工作的指导与监督。

第五十一条 教育行政部门应当会同有关部门健全教职工从业禁止人员名单和查询机制,指导、监督学校健全准入和定期查询制度。

第五十二条 教育行政部门可以通过政府购买服务的方式,组织具有相应资质的社会组织、专业机构及其他社会力量,为学校提供法律咨询、心理辅导、行为矫正等专业服务,为预防和处理学生权益受侵害的案件提供支持。

教育行政部门、学校在与有关部门、机构、社会组织及个人合作进行学生保护专业服务与支持过程中,应当与相关人员签订保密协议,保护学生个人及家庭隐私。

第五十三条 教育行政部门应当指定专门机构或者人员承担学生保护的监督职责,有条件的,可以设立学生保护专兼职监察员负责学生保护工作,处理或者指导处理学生欺凌、性侵害、性骚扰以及其他侵害学生权益的事件,会同有关部门落实学校安全区域制度,健全依法处理涉校纠纷的工作机制。

负责学生保护职责的人员应当接受专门业务培训,具备学生保护的必要知识与能力。

第五十四条 教育行政部门应当通过建立投诉举报电话、邮箱或其他途径,受理对学校或者教职工违反本规定或者其他法律法规、侵害学生权利的投诉、举报;处理过程中发现有关人员行为涉嫌违法犯罪的,应当及时向公安机关报案或者移送司法机关。

第五十五条 县级教育行政部门应当会同民政部门,推动设立未成年人保护社会组织,协助受理涉及学生权益的投诉举报、开展侵害学生权益案件的调查和处理,指导、支持学校、教职工、家长开展学生保护工作。

第五十六条 地方教育行政部门应当建立学生保护工作评估制度,定期组织或者委托第三方对管辖区域内学校履行保护学生法定职责情况进行评估,评估结果作为学校管理水平评价、校长考评考核的依据。

各级教育督导机构应当将学校学生保护工作情况纳入政府履行教育职责评价和学校督导评估的内容。

第七章 责任与处理

第五十七条 学校未履行未成年人保护法规定的职责,违反本规定侵犯学生合法权利的,主管教育行政部门应当责令改正,并视情节和后果,依照有关规定和权限分别对学校的主要负责人、直接责任人或者其他责任人员进行诫勉谈话、通报批评、给予处分或者责令学校给予处分；同时，可以给予学校1至3年不得参与相应评奖评优，不得获评各类示范、标兵单位等荣誉的处理。

第五十八条 学校未履行对教职工的管理、监督责任，致使发生教职工严重侵害学生身心健康的违法犯罪行为，或者有包庇、隐瞒不报，威胁、阻拦报案，妨碍调查、对学生打击报复等行为的，主管教育部门应当对主要负责人和直接责任人给予处分或者责令学校给予处分；情节严重的，应当移送有关部门查处，构成违法犯罪的，依法追究相应法律责任。因监管不力，造成严重后果而承担领导责任的校长，5年内不得再担任校长职务。

第五十九条 学校未按本规定建立学生权利保护机制，或者制定的校规违反法律法规和本规定，由主管教育部门责令限期改正、给予通报批评；情节严重、影响较大或者逾期不改正的，可以对学校主要负责人和直接负责人给予处分或者责令学校给予处分。

第六十条 教职工违反本规定的，由学校或者主管教育部门依照事业单位人员管理、中小学教师管理的规定予以处理。

教职工实施第二十四条第二款禁止行为的，应当依法予以开除或者解聘；有教师资格的，由主管教育行政部门撤销教师资格，纳入从业禁止人员名单；涉嫌犯罪的，移送有关部门依法追究责任。

教职工违反第三十八条规定牟取不当利益的，应当责令退还所收费用或者所获利益，给学生造成经济损失的，应当依法予以赔偿，并视情节给予处分，涉嫌违法犯罪的移送有关部门依法追究责任。

学校应当根据实际，建立健全校内其他工作人员聘用和管理制度，对其他人员违反本规定的，根据情节轻重予以校内纪律处分直至予以解聘，涉嫌违反治安管理或者犯罪的，移送有关部门依法追究责任。

第六十一条 教育行政部门未履行对学校的指导、监督职责，管辖区域内学校出现严重侵害学生权益情形的，由上级教育行政部门、教育督导机构责令改正、予以通报批评，情节严重的依法追究主要负责人或者直接责任人的责任。

第八章 附 则

第六十二条 幼儿园、特殊教育学校应当根据未成年人身心特点，依据本规定有针对性地加强在园、在校未成年人合法权益的保护，并参照本规定、结合实际建立保护制度。

幼儿园、特殊教育学校及其教职工违反保护职责，侵害在园、在校未成年人合法权益的，应当适用本规定从重处理。

第六十三条 本规定自 2021 年 9 月 1 日起施行。

学生伤害事故处理办法

（2002 年 6 月 25 日教育部令第 12 号公布　根据 2010 年 12 月 13 日教育部令第 30 号《关于修改和废止部分规章的决定》修正）

第一章　总　　则

第一条 为积极预防、妥善处理在校学生伤害事故，保护学生、学校的合法权益，根据《中华人民共和国教育法》、《中华人民共和国未成年人保护法》和其他相关法律、行政法规及有关规定，制定本办法。

第二条 在学校实施的教育教学活动或者学校组织的校外活动中，以及在学校负有管理责任的校舍、场地、其他教育教学设施、生活设施内发生的，造成在校学生人身损害后果的事故的处理，适用本办法。

第三条 学生伤害事故应当遵循依法、客观公正、合理适当的原则，及时、妥善地处理。

第四条 学校的举办者应当提供符合安全标准的校舍、场地、其他教育教学设施和生活设施。

教育行政部门应当加强学校安全工作，指导学校落实预防学生伤害事故的措施，指导、协助学校妥善处理学生伤害事故，维护学校正常的教育教学秩序。

第五条 学校应当对在校学生进行必要的安全教育和自护自救教育；应当按照规定，建立健全安全制度，采取相应的管理措施，预防和消除教育教学环境中存在的安全隐患；当发生伤害事故时，应当及时采取措施救助受伤害学生。

学校对学生进行安全教育、管理和保护，应当针对学生年龄、认知能力和法律行为能力的不同，采用相应的内容和预防措施。

第六条 学生应当遵守学校的规章制度和纪律；在不同的受教育阶段，应当根据自身的年龄、认知能力和法律行为能力，避免和消除相应的危险。

第七条 未成年学生的父母或者其他监护人（以下称为监护人）应当依法履行监护职责，配合学校对学生进行安全教育、管理和保护工作。

学校对未成年学生不承担监护职责，但法律有规定的或者学校依法接受委托承担相应监护职责的情形除外。

第二章 事故与责任

第八条 发生学生伤害事故，造成学生人身损害的，学校应当按照《中华人民共和国侵权责任法》及相关法律、法规的规定，承担相应的事故责任。

第九条 因下列情形之一造成的学生伤害事故，学校应当依法承担相应的责任：

（一）学校的校舍、场地、其他公共设施，以及学校提供给学生使用的学具、教育教学和生活设施、设备不符合国家规定的标准，或者有明显不安全因素的；

（二）学校的安全保卫、消防、设施设备管理等安全管理制度有明显疏漏，或者管理混乱，存在重大安全隐患，而未及时采取措施的；

（三）学校向学生提供的药品、食品、饮用水等不符合国家或者行业的有关标准、要求的；

（四）学校组织学生参加教育教学活动或者校外活动，未对学生进行相应的安全教育，并未在可预见的范围内采取必要的安全措施的；

（五）学校知道教师或者其他工作人员患有不适宜担任教育教学工作的疾病，但未采取必要措施的；

（六）学校违反有关规定，组织或者安排未成年学生从事不宜未成年人参加的劳动、体育运动或者其他活动的；

（七）学生有特异体质或者特定疾病，不宜参加某种教育教学活动，学校知道或者应当知道，但未予以必要的注意的；

（八）学生在校期间突发疾病或者受到伤害，学校发现，但未根据实际情况及时采取相应措施，导致不良后果加重的；

（九）学校教师或者其他工作人员体罚或者变相体罚学生，或者在履行职责过程中违反工作要求、操作规程、职业道德或者其他有关规定的；

（十）学校教师或者其他工作人员在负有组织、管理未成年学生的职责期间，发现学生行为具有危险性，但未进行必要的管理、告诫或者制止的；

（十一）对未成年学生擅自离校等与学生人身安全直接相关的信息，学校发现或者知道，但未及时告知未成年学生的监护人，导致未成年学生因脱离监护人的保护而发生伤害的；

（十二）学校有未依法履行职责的其他情形的。

第十条 学生或者未成年学生监护人由于过错，有下列情形之一，造成学生伤害事故，应当依法承担相应的责任：

（一）学生违反法律法规的规定，违反社会公共行为准则、学校的规章制度或者纪律，实施按其年龄和认知能力应当知道具有危险或者可能危及他人的行为的；

（二）学生行为具有危险性，学校、教师已经告诫、纠正，但学生不听劝阻、拒不改正的；

（三）学生或者其监护人知道学生有特异体质，或者患有特定疾病，但未告知学校的；

（四）未成年学生的身体状况、行为、情绪等有异常情况，监护人知道或者已被学校告知，但未履行相应监护职责的；

（五）学生或者未成年学生监护人有其他过错的。

第十一条 学校安排学生参加活动，因提供场地、设备、交通工具、食品及其他消费与服务的经营者，或者学校以外的活动组织者的过错造成的学生伤害事故,有过错的当事人应当依法承担相应的责任。

第十二条 因下列情形之一造成的学生伤害事故,学校已履行了相应职责,行为并无不当的,无法律责任:

（一）地震、雷击、台风、洪水等不可抗的自然因素造成的;

（二）来自学校外部的突发性、偶发性侵害造成的;

（三）学生有特异体质、特定疾病或者异常心理状态,学校不知道或者难于知道的;

（四）学生自杀、自伤的;

（五）在对抗性或者具有风险性的体育竞赛活动中发生意外伤害的;

（六）其他意外因素造成的。

第十三条 下列情形下发生的造成学生人身损害后果的事故,学校行为并无不当的,不承担事故责任;事故责任应当按有关法律法规或者其他有关规定认定:

（一）在学生自行上学、放学、返校、离校途中发生的;

（二）在学生自行外出或者擅自离校期间发生的;

（三）在放学后、节假日或者假期等学校工作时间以外,学生自行滞留学校或者自行到校发生的;

（四）其他在学校管理职责范围外发生的。

第十四条 因学校教师或者其他工作人员与其职务无关的个人行为,或者因学生、教师及其他个人故意实施的违法犯罪行为,造成学生人身损害的,由致害人依法承担相应的责任。

第三章 事故处理程序

第十五条 发生学生伤害事故,学校应当及时救助受伤害学生,并应当及时告知未成年学生的监护人;有条件的,应当采取紧急救援等方式救助。

第十六条 发生学生伤害事故,情形严重的,学校应当及时向主管教育行政部门及有关部门报告;属于重大伤亡事故的,教育行政部门应当按照有关规定及时向同级人民政府和上一级教育行政部门报告。

第十七条 学校的主管教育行政部门应学校要求或者认为必要,可以指导、协助学校进行事故的处理工作,尽快恢复学校正常的教育教学秩序。

第十八条 发生学生伤害事故,学校与受伤害学生或者学生家长可以通过协商方式解决;双方自愿,可以书面请求主管教育行政部门进行调解。

成年学生或者未成年学生的监护人也可以依法直接提起诉讼。

第十九条 教育行政部门收到调解申请,认为必要的,可以指定专门人员进行调解,并应当在受理申请之日起60日内完成调解。

第二十条 经教育行政部门调解,双方就事故处理达成一致意见的,应当在调解人员的见证下签订调解协议,结束调解;在调解期限内,双方不能达成一致意见,或者调解过程中一方提起诉讼,人民法院已经受理的,应当终止调解。

调解结束或者终止,教育行政部门应当书面通知当事人。

第二十一条 对经调解达成的协议,一方当事人不履行或者反悔的,双方可以依法提起诉讼。

第二十二条 事故处理结束,学校应当将事故处理结果书面报告主管的教育行政部门;重大伤亡事故的处理结果,学校主管的教育行政部门应当向同级人民政府和上一级教育行政部门报告。

第四章 事故损害的赔偿

第二十三条 对发生学生伤害事故负有责任的组织或者个人,应当按照法律法规的有关规定,承担相应的损害赔偿责任。

第二十四条 学生伤害事故赔偿的范围与标准,按照有关行政法规、地方性法规或者最高人民法院司法解释中的有关规定确定。

教育行政部门进行调解时,认为学校有责任的,可以依照有关法律法规及国家有关规定,提出相应的调解方案。

第二十五条 对受伤害学生的伤残程度存在争议的,可以委托当地具有相应鉴定资格的医院或者有关机构,依据国家规定的人体伤残标准进行鉴定。

第二十六条 学校对学生伤害事故负有责任的,根据责任大小,适当予以经济赔偿,但不承担解决户口、住房、就业等与救助受伤害学生、赔偿相应经济损失无直接关系的其他事项。

学校无责任的,如果有条件,可以根据实际情况,本着自愿和可能的原则,对受伤害学生给予适当的帮助。

第二十七条 因学校教师或者其他工作人员在履行职务中的故意或者重大过失造成的学生伤害事故,学校予以赔偿后,可以向有关责任人员追偿。

第二十八条 未成年学生对学生伤害事故负有责任的,由其监护人依法承担相应的赔偿责任。

学生的行为侵害学校教师及其他工作人员以及其他组织、个人的合法权益,造成损失的,成年学生或者未成年学生的监护人应当依法予以赔偿。

第二十九条 根据双方达成的协议、经调解形成的协议或者人民法院的生效判决,应当由学校负担的赔偿金,学校应当负责筹措;学校无力完全筹措的,由学校的主管部门或者举办者协助筹措。

第三十条 县级以上人民政府教育行政部门或者学校举办者有条件的,可以通过设立学生伤害赔偿准备金等多种形式,依法筹措伤害赔偿金。

第三十一条 学校有条件的,应当依据保险法的有关规定,参加学校责任保险。

教育行政部门可以根据实际情况,鼓励中小学参加学校责任保险。

提倡学生自愿参加意外伤害保险。在尊重学生意愿的前提下,学校可以为学生参加意外伤害保险创造便利条件,但不得从中收取任何费用。

第五章 事故责任者的处理

第三十二条 发生学生伤害事故,学校负有责任且情节严重的,教育行政部门应当根据有关规定,对学校的直接负责的主管人员和其他直接责任人员,分别给予相应的行政处分;有关责任人的行为触犯刑律的,应当移送司法机关依法追究刑事责任。

第三十三条 学校管理混乱,存在重大安全隐患的,主管的教育行政部门或者其他有关部门应当责令其限期整顿;对情节严重或者拒不改正的,应当依据法律法规的有关规定,给予相应的行政处罚。

第三十四条 教育行政部门未履行相应职责,对学生伤害事故的发生负有责任的,由有关部门对直接负责的主管人员和其他直接责任人员分别给予相应的行政处分;有关责任人的行为触犯刑律的,应当移送司法机关依法追究刑事责任。

第三十五条 违反学校纪律,对造成学生伤害事故负有责任的学生,学校可以给予相应的处分;触犯刑律的,由司法机关依法追究刑事责任。

第三十六条 受伤害学生的监护人、亲属或者其他有关人员,在事故处理过程中无理取闹,扰乱学校正常教育教学秩序,或者侵犯学校、学校教师或者其他工作人员的合法权益的,学校应当报告公安机关依法处理;造成损失的,可以依法要求赔偿。

第六章 附 则

第三十七条 本办法所称学校,是指国家或者社会力量举办的全日制的中小学(含特殊教育学校)、各类中等职业学校、高等学校。

本办法所称学生是指在上述学校中全日制就读的受教育者。

第三十八条 幼儿园发生的幼儿伤害事故,应当根据幼儿为完全无行为能力人的特点,参照本办法处理。

第三十九条 其他教育机构发生的学生伤害事故,参照本办法处理。

在学校注册的其他受教育者在学校管理范围内发生的伤害事故,参照本办法处理。

第四十条 本办法自2002年9月1日起实施,原国家教委、教育部颁布的与学生人身安全事故处理有关的规定,与本办法不符的,以本办法为准。

在本办法实施之前已处理完毕的学生伤害事故不再重新处理。

中小学教育惩戒规则(试行)

(2020年12月23日教育部令第49号公布
自2021年3月1日起施行)

第一条 为落实立德树人根本任务,保障和规范学校、教师依法履行教育教学和管理职责,保护学生合法权益,促进学生健康成长、全面发展,根据教育法、教师法、未成年人保护法、预防未成年人犯罪法等法律法规和国家有关规定,制定本规则。

第二条 普通中小学校、中等职业学校(以下称学校)及其教师在教育教学和管理过程中对学生实施教育惩戒,适用本规则。

本规则所称教育惩戒,是指学校、教师基于教育目的,对违规违纪学生进行管理、训导或者以规定方式予以矫治,促使学生引以为戒、认识和改正错误的教育行为。

第三条 学校、教师应当遵循教育规律,依法履行职责,通过积极管教和教育惩戒的实施,及时纠正学生错误言行,培养学生的规则意识、责任意识。

教育行政部门应当支持、指导、监督学校及其教师依法依规实施教育惩戒。

第四条 实施教育惩戒应当符合教育规律,注重育人效果;遵循法治原则,做到客观公正;选择适当措施,与学生过错程度相适应。

第五条 学校应当结合本校学生特点,依法制定、完善校规校纪,明确学生行为规范,健全实施教育惩戒的具体情形和规则。

学校制定校规校纪,应当广泛征求教职工、学生和学生父母或者其他监护人(以下称家长)的意见;有条件的,可以组织有学生、家长及有关方面代表参加的听证。校规校纪应当提交家长委员会、教职工代表大会讨论,经校长办公会议审议通过后施行,并报主管教育部门备案。

教师可以组织学生、家长以民主讨论形式共同制定班规或者班级公约,报学校备案后施行。

第六条 学校应当利用入学教育、班会以及其他适当方式,向学生和家长宣传讲解校规校纪。未经公布的校规校纪不得施行。

学校可以根据情况建立校规校纪执行委员会等组织机构,吸收教师、学生及家长、社会有关方面代表参加,负责确定可适用的教育惩戒措施,监督教育惩戒的实施,开展相关宣传教育等。

第七条 学生有下列情形之一,学校及其教师应当予以制止并进行批评教育,确有必要的,可以实施教育惩戒:

(一)故意不完成教学任务要求或者不服从教育、管理的;

(二)扰乱课堂秩序、学校教育教学秩序的;

(三)吸烟、饮酒,或者言行失范违反学生守则的;

(四)实施有害自己或者他人身心健康的危险行为的;

(五)打骂同学、老师,欺凌同学或者侵害他人合法权益的;

(六)其他违反校规校纪的行为。

学生实施属于预防未成年人犯罪法规定的不良行为或者严重不良行为的,学校、教师应当予以制止并实施教育惩戒,加强管教;构成违法犯罪的,依法移送公安机关处理。

第八条 教师在课堂教学、日常管理中,对违规违纪情节较为轻微的学生,可以当场实施以下教育惩戒:

(一)点名批评;

(二)责令赔礼道歉、做口头或者书面检讨;

(三)适当增加额外的教学或者班级公益服务任务;

(四)一节课堂教学时间内的教室内站立;

(五)课后教导;

(六)学校校规校纪或者班规、班级公约规定的其他适当措施。

教师对学生实施前款措施后,可以以适当方式告知学生家长。

第九条 学生违反校规校纪,情节较重或者经当场教育惩戒拒不改正的,学校可以实施以下教育惩戒,并应当及时告知家长:

(一)由学校德育工作负责人予以训导;

(二)承担校内公益服务任务;

(三)安排接受专门的校规校纪、行为规则教育;

(四)暂停或者限制学生参加游览、校外集体活动以及其他外出集体活动;

(五)学校校规校纪规定的其他适当措施。

第十条 小学高年级、初中和高中阶段的学生违规违纪情节严重或者影响恶劣的,学校可以实施以下教育惩戒,并应当事先告知家长:

(一)给予不超过一周的停课或者停学,要求家长在家进行教育、管教;

(二)由法治副校长或者法治辅导员予以训诫;

(三)安排专门的课程或者教育场所,由社会工作者或者其他专业人员进行心理辅导、行为干预。

对违规违纪情节严重,或者经多次教育惩戒仍不改正的学生,学校可以给予警告、严重警告、记过或者留校察看的纪律处分。对高中阶段学生,还可以给予开除学籍的纪律处分。

对有严重不良行为的学生,学校可以按照法定程序,配合家长、有关部门将其转入专门学校教育矫治。

第十一条 学生扰乱课堂或者教育教学秩序,影响他人或者可能对自己及他人造成伤害的,教师可以采取必要措施,将学生带离教室或者教学现场,并予以教育管理。

教师、学校发现学生携带、使用违规物品或者行为具有危险性的,应当采取必要措施予以制止;发现学生藏匿违法、危险物品的,应当责令学生交出并可以对可能藏匿物品的课桌、储物柜等进行检查。

教师、学校对学生的违规物品可以予以暂扣并妥善保管,在适当时候交还学生家长;属于违法、危险物品的,应当及时报告公安机关、应急管理部门等有关部门依法处理。

第十二条 教师在教育教学管理、实施教育惩戒过程中,不得有下列行为:

（一）以击打、刺扎等方式直接造成身体痛苦的体罚；

（二）超过正常限度的罚站、反复抄写，强制做不适的动作或者姿势，以及刻意孤立等间接伤害身体、心理的变相体罚；

（三）辱骂或者以歧视性、侮辱性的言行侵犯学生人格尊严；

（四）因个人或者少数人违规违纪行为而惩罚全体学生；

（五）因学业成绩而教育惩戒学生；

（六）因个人情绪、好恶实施或者选择性实施教育惩戒；

（七）指派学生对其他学生实施教育惩戒；

（八）其他侵害学生权利的。

第十三条 教师对学生实施教育惩戒后，应当注重与学生的沟通和帮扶，对改正错误的学生及时予以表扬、鼓励。

学校可以根据实际和需要，建立学生教育保护辅导工作机制，由学校分管负责人、德育工作机构负责人、教师以及法治副校长（辅导员）、法律以及心理、社会工作等方面的专业人员组成辅导小组，对有需要的学生进行专门的心理辅导、行为矫治。

第十四条 学校拟对学生实施本规则第十条所列教育惩戒和纪律处分的，应当听取学生的陈述和申辩。学生或者家长申请听证的，学校应当组织听证。

学生受到教育惩戒或者纪律处分后，能够诚恳认错、积极改正的，可以提前解除教育惩戒或者纪律处分。

第十五条 学校应当支持、监督教师正当履行职务。教师因实施教育惩戒与学生及其家长发生纠纷，学校应当及时进行处理，教师无过错的，不得因教师实施教育惩戒而给予其处分或者其他不利处理。

教师违反本规则第十二条，情节轻微的，学校应当予以批评教育；情节严重的，应当暂停履行职责或者依法依规给予处分；给学生身心造成伤害，构成违法犯罪的，由公安机关依法处理。

第十六条 学校、教师应当重视家校协作，积极与家长沟通，使家长理解、支持和配合实施教育惩戒，形成合力。家长应当履行对子女的教育职责，尊重教师的教育权利，配合教师、学校对违规违纪学生进行管教。

家长对教师实施的教育惩戒有异议或者认为教师行为违反本规则第十

二条规定的,可以向学校或者主管教育行政部门投诉、举报。学校、教育行政部门应当按照师德师风建设管理的有关要求,及时予以调查、处理。家长威胁、侮辱、伤害教师的,学校、教育行政部门应当依法保护教师人身安全、维护教师合法权益;情形严重的,应当及时向公安机关报告并配合公安机关、司法机关追究责任。

第十七条 学生及其家长对学校依据本规则第十条实施的教育惩戒或者给予的纪律处分不服的,可以在教育惩戒或者纪律处分作出后15个工作日内向学校提起申诉。

学校应当成立由学校相关负责人、教师、学生以及家长、法治副校长等校外有关方面代表组成的学生申诉委员会,受理申诉申请,组织复查。学校应当明确学生申诉委员会的人员构成、受理范围及处理程序等并向学生及家长公布。

学生申诉委员会应当对学生申诉的事实、理由等进行全面审查,作出维持、变更或者撤销原教育惩戒或者纪律处分的决定。

第十八条 学生或者家长对学生申诉处理决定不服的,可以向学校主管教育部门申请复核;对复核决定不服的,可以依法提起行政复议或者行政诉讼。

第十九条 学校应当有针对性地加强对教师的培训,促进教师更新教育理念、改进教育方式方法,提高教师正确履行职责的意识与能力。

每学期末,学校应当将学生受到本规则第十条所列教育惩戒和纪律处分的信息报主管教育行政部门备案。

第二十条 本规则自2021年3月1日起施行。

各地可以结合本地实际,制定本地方实施细则或者指导学校制定实施细则。

中小学幼儿园安全管理办法

(2006年6月30日教育部令第23号公布
自2006年9月1日起施行)

第一章 总 则

第一条 为加强中小学、幼儿园安全管理,保障学校及其学生和教职工的人身、财产安全,维护中小学、幼儿园正常的教育教学秩序,根据《中华人民共和国教育法》等法律法规,制定本办法。

第二条 普通中小学、中等职业学校、幼儿园(班)、特殊教育学校、工读学校(以下统称学校)的安全管理适用本办法。

第三条 学校安全管理遵循积极预防、依法管理、社会参与、各负其责的方针。

第四条 学校安全管理工作主要包括:

(一)构建学校安全工作保障体系,全面落实安全工作责任制和事故责任追究制,保障学校安全工作规范、有序进行;

(二)健全学校安全预警机制,制定突发事件应急预案,完善事故预防措施,及时排除安全隐患,不断提高学校安全工作管理水平;

(三)建立校园周边整治协调工作机制,维护校园及周边环境安全;

(四)加强安全宣传教育培训,提高师生安全意识和防护能力;

(五)事故发生后启动应急预案,对伤亡人员实施救治和责任追究等。

第五条 各级教育、公安、司法行政、建设、交通、文化、卫生、工商、质检、新闻出版等部门在本级人民政府的领导下,依法履行学校周边治理和学校安全的监督与管理职责。

学校应当按照本办法履行安全管理和安全教育职责。

社会团体、企业事业单位、其他社会组织和个人应当积极参与和支持学校安全工作,依法维护学校安全。

第二章 安全管理职责

第六条 地方各级人民政府及其教育、公安、司法行政、建设、交通、文化、卫生、工商、质检、新闻出版等部门应当按照职责分工,依法负责学校安全工作,履行学校安全管理职责。

第七条 教育行政部门对学校安全工作履行下列职责:

(一)全面掌握学校安全工作状况,制定学校安全工作考核目标,加强对学校安全工作的检查指导,督促学校建立健全并落实安全管理制度;

(二)建立安全工作责任制和事故责任追究制,及时消除安全隐患,指导学校妥善处理学生伤害事故;

(三)及时了解学校安全教育情况,组织学校有针对性地开展学生安全教育,不断提高教育实效;

(四)制定校园安全的应急预案,指导、监督下级教育行政部门和学校开展安全工作;

(五)协调政府其他相关职能部门共同做好学校安全管理工作,协助当地人民政府组织对学校安全事故的救援和调查处理。

教育督导机构应当组织学校安全工作的专项督导。

第八条 公安机关对学校安全工作履行下列职责:

(一)了解掌握学校及周边治安状况,指导学校做好校园保卫工作,及时依法查处扰乱校园秩序、侵害师生人身、财产安全的案件;

(二)指导和监督学校做好消防安全工作;

(三)协助学校处理校园突发事件。

第九条 卫生部门对学校安全工作履行下列职责:

(一)检查、指导学校卫生防疫和卫生保健工作,落实疾病预防控制措施;

(二)监督、检查学校食堂、学校饮用水和游泳池的卫生状况。

第十条 建设部门对学校安全工作履行下列职责：

(一)加强对学校建筑、燃气设施设备安全状况的监管,发现安全事故隐患的,应当依法责令立即排除；

(二)指导校舍安全检查鉴定工作；

(三)加强对学校工程建设各环节的监督管理,发现校舍、楼梯护栏及其他教学、生活设施违反工程建设强制性标准的,应责令纠正；

(四)依法督促学校定期检验、维修和更新学校相关设施设备。

第十一条 质量技术监督部门应当定期检查学校特种设备及相关设施的安全状况。

第十二条 公安、卫生、交通、建设等部门应当定期向教育行政部门和学校通报与学校安全管理相关的社会治安、疾病防治、交通等情况,提出具体预防要求。

第十三条 文化、新闻出版、工商等部门应当对校园周边的有关经营服务场所加强管理和监督,依法查处违法经营者,维护有利于青少年成长的良好环境。

司法行政、公安等部门应当按照有关规定履行学校安全教育职责。

第十四条 举办学校的地方人民政府、企业事业组织、社会团体和公民个人,应当对学校安全工作履行下列职责：

(一)保证学校符合基本办学标准,保证学校围墙、校舍、场地、教学设施、教学用具、生活设施和饮用水源等办学条件符合国家安全质量标准；

(二)配置紧急照明装置和消防设施与器材,保证学校教学楼、图书馆、实验室、师生宿舍等场所的照明、消防条件符合国家安全规定；

(三)定期对校舍安全进行检查,对需要维修的,及时予以维修；对确认的危房,及时予以改造。

举办学校的地方人民政府应当依法维护学校周边秩序,保障师生和学校的合法权益,为学校提供安全保障。

有条件的,学校举办者应当为学校购买责任保险。

第三章 校内安全管理制度

第十五条 学校应当遵守有关安全工作的法律、法规和规章,建立健全校内各项安全管理制度和安全应急机制,及时消除隐患,预防发生事故。

第十六条 学校应当建立校内安全工作领导机构,实行校长负责制;应当设立保卫机构,配备专职或者兼职安全保卫人员,明确其安全保卫职责。

第十七条 学校应当健全门卫制度,建立校外人员入校的登记或者验证制度,禁止无关人员和校外机动车入内,禁止将非教学用易燃易爆物品、有毒物品、动物和管制器具等危险物品带入校园。

学校门卫应当由专职保安或者其他能够切实履行职责的人员担任。

第十八条 学校应当建立校内安全定期检查制度和危房报告制度,按照国家有关规定安排对学校建筑物、构筑物、设备、设施进行安全检查、检验;发现存在安全隐患的,应当停止使用,及时维修或者更换;维修、更换前应当采取必要的防护措施或者设置警示标志。学校无力解决或者无法排除的重大安全隐患,应当及时书面报告主管部门和其他相关部门。

学校应当在校内高地、水池、楼梯等易发生危险的地方设置警示标志或者采取防护设施。

第十九条 学校应当落实消防安全制度和消防工作责任制,对于政府保障配备的消防设施和器材加强日常维护,保证其能够有效使用,并设置消防安全标志,保证疏散通道、安全出口和消防车通道畅通。

第二十条 学校应当建立用水、用电、用气等相关设施设备的安全管理制度,定期进行检查或者按照规定接受有关主管部门的定期检查,发现老化或者损毁的,及时进行维修或者更换。

第二十一条 学校应当严格执行《学校食堂与学生集体用餐卫生管理规定》、《餐饮业和学生集体用餐配送单位卫生规范》,严格遵守卫生操作规范。建立食堂物资定点采购和索证、登记制度与饭菜留验和记录制度,检查饮用水的卫生安全状况,保障师生饮食卫生安全。

第二十二条 学校应当建立实验室安全管理制度,并将安全管理制度和操作规程置于实验室显著位置。

学校应当严格建立危险化学品、放射物质的购买、保管、使用、登记、注销等制度,保证将危险化学品、放射物质存放在安全地点。

第二十三条 学校应当按照国家有关规定配备具有从业资格的专职医务(保健)人员或者兼职卫生保健教师,购置必需的急救器材和药品,保障对学生常见病的治疗,并负责学校传染病疫情及其他突发公共卫生事件的报告。有条件的学校,应当设立卫生(保健)室。

新生入学应当提交体检证明。托幼机构与小学在入托、入学时应当查验预防接种证。学校应当建立学生健康档案,组织学生定期体检。

第二十四条　学校应当建立学生安全信息通报制度,将学校规定的学生到校和放学时间、学生非正常缺席或者擅自离校情况、以及学生身体和心理的异常状况等关系学生安全的信息,及时告知其监护人。

对有特异体质、特定疾病或者其他生理、心理状况异常以及有吸毒行为的学生,学校应当做好安全信息记录,妥善保管学生的健康与安全信息资料,依法保护学生的个人隐私。

第二十五条　有寄宿生的学校应当建立住宿学生安全管理制度,配备专人负责住宿学生的生活管理和安全保卫工作。

学校应当对学生宿舍实行夜间巡查、值班制度,并针对女生宿舍安全工作的特点,加强对女生宿舍的安全管理。

学校应当采取有效措施,保证学生宿舍的消防安全。

第二十六条　学校购买或者租用机动车专门用于接送学生的,应当建立车辆管理制度,并及时到公安机关交通管理部门备案。接送学生的车辆必须检验合格,并定期维护和检测。

接送学生专用校车应当粘贴统一标识。标识样式由省级公安机关交通管理部门和教育行政部门制定。

学校不得租用拼装车、报废车和个人机动车接送学生。

接送学生的机动车驾驶员应当身体健康,具备相应准驾车型3年以上安全驾驶经历,最近3年内任一记分周期没有记满12分记录,无致人伤亡的交通责任事故。

第二十七条　学校应当建立安全工作档案,记录日常安全工作、安全责任落实、安全检查、安全隐患消除等情况。

安全档案作为实施安全工作目标考核、责任追究和事故处理的重要依据。

第四章　日常安全管理

第二十八条　学校在日常的教育教学活动中应当遵循教学规范,落实安全管理要求,合理预见、积极防范可能发生的风险。

学校组织学生参加的集体劳动、教学实习或者社会实践活动,应当符合学生的心理、生理特点和身体健康状况。

学校以及接受学生参加教育教学活动的单位必须采取有效措施,为学生活动提供安全保障。

第二十九条 学校组织学生参加大型集体活动,应当采取下列安全措施:

(一)成立临时的安全管理组织机构;

(二)有针对性地对学生进行安全教育;

(三)安排必要的管理人员,明确所负担的安全职责;

(四)制定安全应急预案,配备相应设施。

第三十条 学校应当按照《学校体育工作条例》和教学计划组织体育教学和体育活动,并根据教学要求采取必要的保护和帮助措施。

学校组织学生开展体育活动,应当避开主要街道和交通要道;开展大型体育活动以及其他大型学生活动,必须经过主要街道和交通要道的,应当事先与公安机关交通管理部门共同研究并落实安全措施。

第三十一条 小学、幼儿园应当建立低年级学生、幼儿上下学时接送的交接制度,不得将晚离学校的低年级学生、幼儿交与无关人员。

第三十二条 学生在教学楼进行教学活动和晚自习时,学校应当合理安排学生疏散时间和楼道上下顺序,同时安排人员巡查,防止发生拥挤踩踏伤害事故。

晚自习学生没有离校之前,学校应当有负责人和教师值班、巡查。

第三十三条 学校不得组织学生参加抢险等应当由专业人员或者成人从事的活动,不得组织学生参与制作烟花爆竹、有毒化学品等具有危险性的活动,不得组织学生参加商业性活动。

第三十四条 学校不得将场地出租给他人从事易燃、易爆、有毒、有害等危险品的生产、经营活动。

学校不得出租校园内场地停放校外机动车辆;不得利用学校用地建设对社会开放的停车场。

第三十五条 学校教职工应当符合相应任职资格和条件要求。学校不得聘用因故意犯罪而受到刑事处罚的人,或者有精神病史的人担任教职工。

学校教师应当遵守职业道德规范和工作纪律,不得侮辱、殴打、体罚或者变相体罚学生;发现学生行为具有危险性的,应当及时告诫、制止,并与学生监护人沟通。

第三十六条 学生在校学习和生活期间,应当遵守学校纪律和规章制度,服从学校的安全教育和管理,不得从事危及自身或者他人安全的活动。

第三十七条 监护人发现被监护人有特异体质、特定疾病或者异常心理状况的,应当及时告知学校。

学校对已知的有特异体质、特定疾病或者异常心理状况的学生,应当给予适当关注和照顾。生理、心理状况异常不宜在校学习的学生,应当休学,由监护人安排治疗、休养。

第五章 安 全 教 育

第三十八条 学校应当按照国家课程标准和地方课程设置要求,将安全教育纳入教学内容,对学生开展安全教育,培养学生的安全意识,提高学生的自我防护能力。

第三十九条 学校应当在开学初、放假前,有针对性地对学生集中开展安全教育。新生入校后,学校应当帮助学生及时了解相关的学校安全制度和安全规定。

第四十条 学校应当针对不同课程实验课的特点与要求,对学生进行实验用品的防毒、防爆、防辐射、防污染等的安全防护教育。

学校应当对学生进行用水、用电的安全教育,对寄宿学生进行防火、防盗和人身防护等方面的安全教育。

第四十一条 学校应当对学生开展安全防范教育,使学生掌握基本的自我保护技能,应对不法侵害。

学校应当对学生开展交通安全教育,使学生掌握基本的交通规则和行为规范。

学校应当对学生开展消防安全教育,有条件的可以组织学生到当地消防站参观和体验,使学生掌握基本的消防安全知识,提高防火意识和逃生自救的能力。

学校应当根据当地实际情况,有针对性地对学生开展到江河湖海、水库等地方戏水、游泳的安全卫生教育。

第四十二条 学校可根据当地实际情况,组织师生开展多种形式的事故预防演练。

学校应当每学期至少开展一次针对洪水、地震、火灾等灾害事故的紧急疏散演练,使师生掌握避险、逃生、自救的方法。

第四十三条 教育行政部门按照有关规定,与人民法院、人民检察院和公安、司法行政等部门以及高等学校协商,选聘优秀的法律工作者担任学校的兼职法制副校长或者法制辅导员。

兼职法制副校长或者法制辅导员应当协助学校检查落实安全制度和安全事故处理、定期对师生进行法制教育等,其工作成果纳入派出单位的工作考核内容。

第四十四条 教育行政部门应当组织负责安全管理的主管人员、学校校长、幼儿园园长和学校负责安全保卫工作的人员,定期接受有关安全管理培训。

第四十五条 学校应当制定教职工安全教育培训计划,通过多种途径和方法,使教职工熟悉安全规章制度、掌握安全救护常识,学会指导学生预防事故、自救、逃生、紧急避险的方法和手段。

第四十六条 学生监护人应当与学校互相配合,在日常生活中加强对被监护人的各项安全教育。

学校鼓励和提倡监护人自愿为学生购买意外伤害保险。

第六章 校园周边安全管理

第四十七条 教育、公安、司法行政、建设、交通、文化、卫生、工商、质检、新闻出版等部门应当建立联席会议制度,定期研究部署学校安全管理工作,依法维护学校周边秩序;通过多种途径和方式,听取学校和社会各界关于学校安全管理工作的意见和建议。

第四十八条 建设、公安等部门应当加强对学校周边建设工程的执法检查，禁止任何单位或者个人违反有关法律、法规、规章、标准，在学校围墙或者建筑物边建设工程，在校园周边设立易燃易爆、剧毒、放射性、腐蚀性等危险物品的生产、经营、储存、使用场所或者设施以及其他可能影响学校安全的场所或者设施。

第四十九条　公安机关应当把学校周边地区作为重点治安巡逻区域，在治安情况复杂的学校周边地区增设治安岗亭和报警点，及时发现和消除各类安全隐患，处置扰乱学校秩序和侵害学生人身、财产安全的违法犯罪行为。

第五十条　公安、建设和交通部门应当依法在学校门前道路设置规范的交通警示标志，施划人行横线，根据需要设置交通信号灯、减速带、过街天桥等设施。

在地处交通复杂路段的学校上下学时间，公安机关应当根据需要部署警力或者交通协管人员维护道路交通秩序。

第五十一条　公安机关和交通部门应当依法加强对农村地区交通工具的监督管理，禁止没有资质的车船搭载学生。

第五十二条　文化部门依法禁止在中学、小学校园周围200米范围内设立互联网上网服务营业场所，并依法查处接纳未成年人进入的互联网上网服务营业场所。工商行政管理部门依法查处取缔擅自设立的互联网上网服务营业场所。

第五十三条　新闻出版、公安、工商行政管理等部门应当依法取缔学校周边兜售非法出版物的游商和无证照摊点，查处学校周边制售含有淫秽色情、凶杀暴力等内容的出版物的单位和个人。

第五十四条　卫生、工商行政管理部门应当对校园周边饮食单位的卫生状况进行监督，取缔非法经营的小卖部、饮食摊点。

第七章　安全事故处理

第五十五条　在发生地震、洪水、泥石流、台风等自然灾害和重大治安、公共卫生突发事件时，教育等部门应当立即启动应急预案，及时转移、疏散学生，或者采取其他必要防护措施，保障学校安全和师生人身财产安全。

第五十六条 校园内发生火灾、食物中毒、重大治安等突发安全事故以及自然灾害时,学校应当启动应急预案,及时组织教职工参与抢险、救助和防护,保障学生身体健康和人身、财产安全。

第五十七条 发生学生伤亡事故时,学校应当按照《学生伤害事故处理办法》规定的原则和程序等,及时实施救助,并进行妥善处理。

第五十八条 发生教职工和学生伤亡等安全事故的,学校应当及时报告主管教育行政部门和政府有关部门;属于重大事故的,教育行政部门应当按照有关规定及时逐级上报。

第五十九条 省级教育行政部门应当在每年1月31日前向国务院教育行政部门书面报告上一年度学校安全工作和学生伤亡事故情况。

第八章 奖励与责任

第六十条 教育、公安、司法行政、建设、交通、文化、卫生、工商、质检、新闻出版等部门,对在学校安全工作中成绩显著或者做出突出贡献的单位和个人,应当视情况联合或者分别给予表彰、奖励。

第六十一条 教育、公安、司法行政、建设、交通、文化、卫生、工商、质检、新闻出版等部门,不依法履行学校安全监督与管理职责的,由上级部门给予批评;对直接责任人员由上级部门和所在单位视情节轻重,给予批评教育或者行政处分;构成犯罪的,依法追究刑事责任。

第六十二条 学校不履行安全管理和安全教育职责,对重大安全隐患未及时采取措施的,有关主管部门应当责令其限期改正;拒不改正或者有下列情形之一的,教育行政部门应当对学校负责人和其他直接责任人员给予行政处分;构成犯罪的,依法追究刑事责任:

(一)发生重大安全事故、造成学生和教职工伤亡的;

(二)发生事故后未及时采取适当措施、造成严重后果的;

(三)瞒报、谎报或者缓报重大事故的;

(四)妨碍事故调查或者提供虚假情况的;

(五)拒绝或者不配合有关部门依法实施安全监督管理职责的。

《中华人民共和国民办教育促进法》及其实施条例另有规定的,依其规定执行。

第六十三条 校外单位或者人员违反治安管理规定、引发学校安全事故的，或者在学校安全事故处理过程中，扰乱学校正常教育教学秩序、违反治安管理规定的，由公安机关依法处理；构成犯罪的，依法追究其刑事责任；造成学校财产损失的，依法承担赔偿责任。

第六十四条 学生人身伤害事故的赔偿，依据有关法律法规、国家有关规定以及《学生伤害事故处理办法》处理。

第九章 附 则

第六十五条 中等职业学校学生实习劳动的安全管理办法另行制定。
第六十六条 本办法自2006年9月1日起施行。

教育部办公厅关于印发《禁止妨碍义务教育实施的若干规定》的通知

（2019年4月1日 教基厅〔2019〕2号）

各省、自治区、直辖市教育厅（教委），新疆生产建设兵团教育局：

《中华人民共和国义务教育法》明确规定，凡具有中华人民共和国国籍的适龄儿童、少年，不分性别、民族、种族、家庭财产状况、宗教信仰等，依法享有平等接受义务教育的权利，并履行接受义务教育的义务。同时规定，各级人民政府及其有关部门应当履行本法规定的各项职责，保障适龄儿童、少年接受义务教育的权利。适龄儿童、少年的父母或者其他法定监护人应当依法保证其按时入学接受并完成义务教育。近年来,一些社会培训机构擅自招收适龄儿童、少年,以"国学""女德"教育等名义开展全日制教育、培训,替代义务教育学校教育,极个别父母或者其他法定监护人送子女去培训机构或在家学习,无正当理由未按法律规定保障子女入学接受义务教育,导致相关适龄儿童、少年接受义务教育的权利和义务不能依法实现,妨碍了国家义务教育制度的实施,严重影响适龄儿童、少年成长发展,危害国家和民族未来利益。为切实纠正此类错误做法,特制定《禁止妨碍义务教育实施的若干规定》,现印发给你们,请予以认真执行。

各地教育部门要提高政治站位,增强法治意识,进一步加强适龄儿童、少年接受义务教育工作,于2019年上半年尽快部署开展一次全面排查,对机构或个人违法违规导致适龄儿童、少年未接受义务教育的行为,坚决予以纠正,依法依规严厉查处问责,切实保障适龄儿童、少年接受义务教育。

禁止妨碍义务教育实施的若干规定

一、校外培训机构必须按照教育行政部门审批、市场监管部门登记的业务范围从事培训业务,不得违法招收义务教育阶段适龄儿童、少年开展全日制培训,替代实施义务教育。

二、校外培训机构不得发布虚假招生简章或广告,不得诱导家长将适龄儿童、少年送入培训机构,替代接受义务教育。

三、校外培训机构不得有违反党的教育方针和社会主义核心价值观的培训内容,不得以"国学"为名,传授"三从四德"、占卜、风水、算命等封建糟粕,不得利用宗教进行妨碍国家教育制度的活动。

四、适龄儿童、少年的父母或者其他法定监护人要切实履行监护人职责,除送入依法实施义务教育的学校或经县级教育行政部门批准可自行实施义务教育的相关社会组织外,不得以其他方式组织学习替代接受义务教育。

五、适龄残疾儿童、少年因身体原因无法到校接受义务教育的,家长或其他法定监护人不得擅自决定是否接受义务教育及具体方式,应当向当地教育行政部门提出申请，教育行政部门可委托残疾人教育专家委员会对其身体状况、接受教育和适应学校学习生活的能力进行评估，确定适合其身心特点的教育安置方式。

教育部关于印发
《义务教育学校管理标准》的通知

(2017年12月4日　教基〔2017〕9号)

各省、自治区、直辖市教育厅(教委)，新疆生产建设兵团教育局：

为认真贯彻党的十九大精神，整体提升义务教育学校管理水平，加快推进教育现代化，在总结各地实施《义务教育学校管理标准(试行)》实践经验的基础上，经认真研究修订，现正式印发《义务教育学校管理标准》，请结合本地实际遵照执行。

《义务教育学校管理标准》是对义务教育学校管理的基本要求，适用于全国所有义务教育学校。各地教育行政部门要高度重视，认真组织所有义务教育学校对标研判、依标整改，切实做到"一校一案"，全面改进和加强义务教育学校管理工作，促进学校规范办学、科学管理，整体提高教育质量和办学水平，加快推进教育治理能力和治理水平现代化。

义务教育学校管理标准

为全面贯彻党的教育方针，促进义务教育学校(以下简称学校)不断提升治理能力和治理水平,逐步形成"标准引领、管理规范、内涵发展、富有特色"的良好局面,全面提高义务教育质量,促进教育公平,加快教育现代化,着力解决人民日益增长的美好生活需要和学校发展不平衡不充分问题,根据《教育法》《义务教育法》等有关法律法规,制定本标准。

一、基本理念

(一)育人为本　全面发展

全面贯彻党的教育方针,坚持教育为人民服务、为中国共产党治国理政服务、为巩固和发展新时代中国特色社会主义制度服务、为改革开放和社会主义现代化建设服务,落实立德树人根本任务,发展素质教育,培育和践行社会主义核心价值观,全面改进德育、智育、体育、美育,培养德智体美全面发展的社会主义建设者和接班人。

(二)促进公平　提高质量

树立公平的教育观和正确的质量观,提高办学水平,强化学生认知、合作、创新等关键能力和职业意识培养,面向每一名学生,教好每一名学生,切实保障学生平等的受教育权利。建设适合学生发展的课程,实施以学生发展为本的教学;加强教师队伍建设,提高教师整体素质;建立科学合理的评价体系,提高教育教学质量。

(三)和谐美丽　充满活力

建设安全卫生的学校基础设施,完善切实可行的安全、健康管理制度,开展以生活技能和自护、自救技能为基础的安全与健康教育。加强校园文化建设,创建平安校园、文明校园、和谐校园、美丽校园,为师生创造安定有序、和谐融洽、充满活力的工作、学习和生活环境。

(四)依法办学　科学治理

建设依法办学、自主管理、民主监督、社会参与的现代学校制度。落实学校办学自主权,提升校长依法科学治理能力,发挥中小学校党组织的政治核心和战斗堡垒作用,拓宽师生、家长和社会参与学校治理的渠道,建立健全学校民主管理制度,构建和谐的学校、家庭、社区合作关系,推动学校可持续发展。

二、基本内容

(包括:保障学生平等权益、促进学生全面发展、引领教师专业进步、提

升教育教学水平、营造和谐美丽环境、建设现代学校制度等6大管理职责、22项管理任务、88条具体内容,详见列表)

管理职责	管理任务	管理内容
一、保障学生平等权益	1.1 维护学生平等入学权利	1. 根据国家法律法规和教育行政部门相关规定,落实招生入学方案,公开范围、程序、时间、结果,保障适龄儿童少年平等接受义务教育的权利。按照教育行政部门统一安排,做好进城务工人员随迁子女就学工作。 2. 坚持免试就近入学原则,不举办任何形式的入学或升学考试,不以各类竞赛、考级、奖励证书作为学生入学或升学的依据。不得提前招生、提前录取。 3. 实行均衡编班,不分重点班与非重点班。编班过程邀请相关人员参加,接受各方监督。 4. 实行收费公示制度,严格执行国家关于义务教育免费的规定。
	1.2 建立控辍保学工作机制	5. 执行国家学籍管理相关规定,利用中小学生学籍信息管理系统做好辍学学生标注登记工作,并确保学籍系统信息与实际一致。防止空挂学籍和中途辍学。 6. 严格执行学生考勤制度,建立和完善辍学学生劝返复学、登记与书面报告制度,加强家校联系,配合政府部门做好辍学学生劝返复学工作。 7. 把对学习困难学生的帮扶作为控辍保学的重点任务,建立健全学习帮扶制度。
	1.3 满足需要关注学生需求	8. 制定保障教育公平的制度,通过各种途径广泛宣传,不让一名学生受到歧视或欺凌。 9. 坚持合理便利原则满足适龄残疾儿童随班就读需要,并为其学习、生活提供帮助。创造条件为有特殊学习需要的学生建立资源教室,配备专兼职教师。 10. 为需要帮助的儿童提供情感关怀,优先满足留守儿童寄宿、乘坐校车、营养改善需求,寄宿制学校应按政府购买服务的有关规定配备服务人员。

续表

管理职责	管理任务	管理内容
二、促进学生全面发展	2.1 提升学生道德品质	11. 推动习近平新时代中国特色社会主义思想进校园、进课堂、进头脑,落实《中小学德育工作指南》《中小学生守则》,坚持立德树人,引导学生养成良好思想素质、道德品质和行为习惯,形成积极健康的人格和良好的心理品质,促进学生核心素养提升和全面发展。 12. 教育学生爱党爱国爱人民,让学生熟记并践行社会主义核心价值观,积极开展理想信念教育、社会主义核心价值观教育、中华优秀传统文化教育、生态文明教育和心理健康教育。 13. 统筹德育资源,创新德育形式,探索课程育人、文化育人、活动育人、实践育人、管理育人、协同育人等多种途径,努力形成全员育人、全程育人、全方位育人的德育工作格局。 14. 把学生思想品德发展状况纳入综合素质评价体系,认真组织开展评价工作。 15. 建立党组织主导、校长负责、群团组织参与、家庭社会联动的德育工作机制。将德育工作经费纳入经费年度预算,优化德育队伍结构,提供德育工作必须的场所、设施。 16. 根据《青少年法治教育大纲》,依据相关学科课程标准,落实多学科协同开展法治教育,培养法治精神,树立法治信仰。
	2.2 帮助学生学会学习	17. 营造良好的学习环境与氛围,激发和保护学生的学习兴趣,培养学生的学习自信心。 18. 遵循教育规律和学生身心发展规律,帮助学生掌握科学的学习方法,养成良好的学习习惯。 19. 落实学生主体地位,引导学生独立思考和主动探究,培养学生良好思维品质。 20. 尊重学生个体差异,采用灵活多样的教学方法,因材施教,培养学生自主学习和终身学习能力。
	2.3 增进学生身心健康	21. 落实《中小学心理健康教育指导纲要》,将心理健康教育贯穿于教育教学全过程。按照建设指南建立心理辅导室,配备专兼职心理健康教育教师,科学开展心理辅导。 22. 确保学生每天锻炼1小时,开足并上好体育课,开展大课间体育活动,使每个学生掌握至少两项体育运动技能,养成体育锻炼习惯。配齐体育教师,加强科学锻炼指导和体育安全管理。保障并有效利用体育场地和设施器材,满足学生体育锻炼需要。 23. 建立常态化的校园体育竞赛机制,经常开展班级、年级体育比赛,每年举办全员参与的运动会。

续表

管理职责	管理任务	管理内容
二、促进学生全面发展	2.4 提高学生艺术素养	24. 落实《国家学生体质健康标准》，定期开展学生体检和体质健康监测，重点监测学生的视力、营养状况和体质健康达标状况，及时向家长反馈。建立学生健康档案，将学生参加体育活动及体质体能健康状况等纳入学生综合素质评价。 25. 科学合理安排学校作息时间，确保学生课间和必要的课后自由活动时间，整体规划并控制各学科课后作业量。家校配合保证每天小学生10小时、初中生9小时睡眠时间。 26. 保障室内采光、照明、通风、课桌椅、黑板等设施达到规定标准，端正学生坐姿，做好眼保健操，降低学生近视新发率。 27. 按照国家要求开齐开足音乐、美术课，开设书法课。利用当地教育资源，开发具有民族、地域特色的艺术教育选修课程，培养学生艺术爱好，让每个学生至少学习掌握一项艺术特长。 28. 按照国家课程方案规定的课时数和学校班级数配备艺术教师，设置艺术教室和艺术活动室，并按国家标准配备艺术课程教学和艺术活动器材，满足艺术教育基本需求。 29. 面向全体学生组织开展艺术活动，因地制宜建立学生艺术社团或兴趣小组。 30. 充分利用社会艺术教育资源，利用当地文化艺术场地资源开展艺术教学和实践活动，有条件的学校可与社会艺术团体及社区建立合作关系。
	2.5 培养学生生活本领	31. 贯彻《关于加强中小学劳动教育的意见》，为学生提供劳动机会，家校合作使学生养成家务劳动习惯，掌握基本生活技能，培养学生吃苦耐劳精神。 32. 开齐开足综合实践活动课程，充分利用各类综合实践基地，多渠道、多种形式开展综合实践活动。寒暑假布置与劳动或社会实践相关的作业。 33. 指导学生利用学校资源、社区和地方资源完成个性化作业和实践性作业。

续表

管理职责	管理任务	管理内容
三、引领教师专业进步	3.1 加强教师管理和职业道德建设	34. 坚持用习近平新时代中国特色社会主义思想武装教师头脑,加强教师思想政治教育和师德建设,建立健全师德建设长效机制,促进教师牢固树立和自觉践行社会主义核心价值观,严格遵守《中小学教师职业道德规范》,增强教师立德树人的荣誉感和责任感,做有理想信念、道德情操、扎实学识、仁爱之心的好老师和学生锤炼品格、学习知识、创新思维、奉献祖国的引路人。 35. 教师语言规范健康,举止文明礼貌,衣着整洁得体。 36. 严格要求教师尊重学生人格,不讽刺、挖苦、歧视学生,不体罚或变相体罚学生,不收受学生或家长礼品,不从事有偿补课。 37. 健全教师管理制度,完善教师岗位设置、职称评聘、考核评价和待遇保障机制。落实班主任工作量计算、津贴等待遇。保障教师合法权益,激发教师的积极性和创造性。 38. 关心教师生活状况和身心健康,做好教师后勤服务,丰富教师精神文化生活,减缓教师工作压力,定期安排教师体检。
	3.2 提高教师教育教学能力	39. 组织教师认真学习课程标准,熟练掌握学科教学的基本要求。 40. 针对教学过程中的实际问题开展校本教研,定期开展集体备课、听课、说课、评课等活动,提高教师专业水平和教学能力。 41. 落实《中小学班主任工作规定》,制订班主任队伍培训计划,定期组织班主任学习、交流、培训和基本功比赛,提高班主任组织管理和教育能力。 42. 推动教师阅读工作,引导教师学习经典,加强教师教育技能和教学基本功训练,提升教师普通话水平,规范汉字书写,增强学科教学能力。 43. 提高教师信息技术和现代教育装备应用能力,强化实验教学,促进现代科技与教育教学的深度融合。
	3.3 建立教师专业发展支持体系	44. 完善教师培训制度,制订教师培训规划,指导教师制订专业发展计划,建立教师专业发展档案。 45. 按规定将培训经费列入学校预算,支持教师参加必要的培训,落实每位教师五年不少于360学时的培训要求。 46. 引进优质培训资源,定期开展专题培训,促进教研、科研与培训有机结合,发挥校本研修基础作用。 47. 鼓励教师利用网络学习平台开展教研活动,建设教师学习共同体。

续表

管理职责	管理任务	管理内容
四、提升教育教学水平	4.1 建设适合学生发展的课程	48.落实国家义务教育课程方案和课程标准,严格遵守国家关于教材、教辅管理的相关规定,确保国家课程全面实施。不拔高教学要求,不加快教学进度。 49.根据学生发展需要和地方、学校、社区资源条件,科学规范开设地方课程和校本课程,编制课程纲要,加强课程实施和管理。 50.落实综合实践活动课程要求,通过考察探究、社会服务、设计制作、职业体验等方式培养学生创新精神和实践能力。每学期组织一次综合实践交流活动。 51.创新各学科课程实施方式,强化实践育人环节,引导学生动手解决实际问题。 52.定期开展学生学习心理研究,研究学生的学习兴趣、动机和个别化学习需要,采取有针对性的措施,改进课程实施和教学效果。
	4.2 实施以学生发展为本的教学	53.定期开展教学质量分析,建立基于过程的学校教学质量保障机制,统筹课程、教材、教学、评价等环节,主动收集学生反馈意见,及时改进教学。 54.采取启发式、讨论式、合作式、探究式等多种教学方式,提高学生参与课堂学习的主动性和积极性。 55.创新作业方式,避免布置重复机械的练习,多布置科学探究式作业。可根据学生掌握情况布置分层作业。不得布置超越学生能力的作业,不得以增加作业量的方式惩罚学生。
	4.3 建立促进学生发展的评价体系	56.对照中小学教育质量综合评价改革指标体系,进行监测,改进教育教学。 57.实施综合素质评价,重点考察学生的思想品德、学业水平、身心健康、艺术素养、社会实践等方面的发展情况。建立学生综合素质档案,做好学生成长记录,真实反映学生发展状况。 58.控制考试次数,探索实施等级加评语的评价方式。依据课程标准的规定和要求确定考试内容,对相关科目的实验操作考试提出要求。命题应紧密联系社会实际和学生生活经验,注重加强对能力的考察。考试成绩不进行公开排名,不以分数作为评价学生的唯一标准。
	4.4 提供便利实用的教学资源	59.按照规定配置教学资源和设施设备,指定专人负责,建立资产台账,定期维护保养。 60.落实《中小学图书馆(室)规程》,加强图书馆建设与应用,提升服务教育教学能力。建立实验室、功能教室等的使用管理制度,面向学生充分开放,提高使用效益。

续表

管理职责	管理任务	管理内容
五、营造和谐美丽环境	5.1 建立切实可行的安全与健康管理制度	61. 积极借助政府部门、社会力量、专业组织,构建学校安全风险管理体系,形成以校方责任险为核心的校园保险体系。组织教职工学习有关安全工作的法律法规,落实《中小学校岗位安全工作指南》。 62. 落实《国务院办公厅关于加强中小学幼儿园安全风险防控体系建设的意见》《中小学幼儿园安全管理办法》,建立健全学校安全卫生管理制度和工作机制,采取切实措施,确保学校师生人身安全、食品饮水安全、设施安全和活动安全。使用校车的学校严格执行国家校车安全管理制度。 63. 制订突发事件应急预案,预防和应对不法分子入侵、自然灾害和公共卫生事件,落实防治校园欺凌和暴力的有关要求。
	5.2 建设安全卫生的学校基础设施	64. 配备保障学生安全与健康的基本设施和设备,落实人防、物防和技防等相关要求。学校教育、教学及生活所用的设施、设备、场所要经权威部门检测,符合国家环保、安全等标准后方可使用。 65. 定期开展校舍及其他基础设施安全隐患排查和整治工作。校舍安全隐患要及时向主管部门书面报告。 66. 设立卫生室或保健室,按要求配备专兼职卫生技术人员,落实日常卫生保健制度。 67. 设置安全警示标识和安全、卫生教育宣传橱窗,定期更换宣传内容。
	5.3 开展以生活技能为基础的安全健康教育	68. 落实《中小学公共安全教育指导纲要》,突出强化预防溺水和交通安全教育,有计划地开展国家安全、社会安全、公共卫生、意外伤害、网络、信息安全、自然灾害以及影响学生安全的其他事故或事件教育,了解保障安全的方法并掌握一定技能。 69. 落实《中小学健康教育指导纲要》,普及疾病预防、营养与食品安全以及生长发育、青春期保健知识和技能,提升师生健康素养。 70. 落实《中小学幼儿园应急疏散演练指南》,定期开展应急演练,提高师生应对突发事件和自救自护能力。
	5.4 营造健康向上的学校文化	71. 立足学校实际和文化积淀,结合区域特点,建设体现学校办学理念和思想的学校文化,发展办学特色,引领学校内涵发展。 72. 做好校园净化、绿化、美化工作,合理设计和布置校园,有效利用空间和墙面,建设生态校园、文化校园、书香校园,发挥环境育人功能。 73. 每年通过科技节、艺术节、体育节、读书节等形式,因地制宜组织丰富多彩的学校活动。

续表

管理职责	管理任务	管理内容
六、建设现代学校制度	6.1 提升依法科学管理能力	74. 每年组织教职员工学习《宪法》《教育法》《义务教育法》《教师法》和《未成年人保护法》等法律,增强法治观念,提升依法治教、依法治校能力。 75. 依法制定和修订学校章程,健全完善章程执行和监督机制,规范学校办学行为,提升学校治理水平。 76. 制定学校发展规划,确定年度实施方案,客观评估办学绩效。 77. 健全管理制度,建立便捷规范的办事程序,完善内部机构组织规则、议事规则等。 78. 认真落实《中小学校财务制度》,做好财务管理和内审工作。 79. 指定专人负责学校法制事务,建立学校法律顾问制度,充分运用法律手段维护学校合法权益。
	6.2 建立健全民主管理制度	80. 贯彻《关于加强中小学校党的建设工作的意见》,以提升组织力为重点,突出政治功能,把学校党组织建设成领导改革发展的坚强战斗堡垒,充分发挥党员教师的先锋模范作用。 81. 坚持民主集中制,定期召开校务会议,健全学校教职工(代表)大会制度,将涉及教职工切身利益及学校发展的重要事项,提交教职工(代表)大会讨论通过。 82. 设置信息公告栏,公开校务信息,公示收费项目、标准、依据等,保证教职工、学生、相关社会公众对学校重大事项、重要制度的知情权。 83. 建立问题协商机制,听取学生、教职工和家长的意见和建议,有效化解相关矛盾。 84. 发挥少先队、共青团、学生会、学生社团的作用,引导学生自我管理或参与学校治理。
	6.3 构建和谐的家庭、学校、社区合作关系	85. 健全和完善家长委员会制度,建立家长学校,设立学校开放日,提高家长在学校治理中的参与度,形成育人合力。 86. 引入社会和利益相关者的监督,密切学校与社区联系,促进社区代表参与学校治理。 87. 主动争取社会资源和社会力量支持学校改革发展。 88. 有条件的学校可将体育文化设施在课后和节假日对本校师生和所在社区居民有序开放。

三、实施要求

（一）本标准是对学校管理的基本要求，适用于全国所有义务教育学校。鉴于全国各地区的差异，各省、自治区、直辖市教育行政部门可以依据本标准和本地实际提出具体实施意见，细化标准要求。在实施过程中要因地制宜、分类指导、分步实施、逐步完善，促进当地学校提升治理水平。

（二）本标准是义务教育学校工作的重要依据。各级教育行政部门和教师培训机构要将本标准作为校长和教师培训的重要内容，结合当地情况，开展有针对性的培训，使广大校长和教师充分了解基本要求，掌握精神实质，指导具体工作。

（三）义务教育学校要将本标准作为学校治理的基本依据，强化对标研判，整改提高，树立先进的治理理念，建立健全各项管理制度，完善工作机制。校长和教师要按照本标准规范管理和教育教学行为，把标准的各项要求落到实处。

（四）教育督导部门应按照本标准修订完善义务教育学校督导评估指标体系和标准，一校一案，对标研判、依标整改，开展督导评估工作，促进学校规范办学、科学管理，提高教育质量和办学水平。